KB134537

30일 만에 배우는
심리학수첩

30일 만에 배우는

심리학수첩

the learning diary of
Psychology in 30 days

 우에키 리에 감수

일본능률협회
매니지먼트 센터 지음

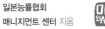

여러분은 '마음'이란 무엇이라고 생각하는가?

마음은 눈에 보이지 않기 때문에 어떻게 생겼는지 알 수 없으며, 어떤 잣대를 사용해서 무게 등의 물리적 특성을 잴 수도 없다. 그러나 우리는 매일 다양한 감정의 영향을 받으면서 살고 있다. 실체가 없는 마음이 우리 인간을 지배하고 있는 것이다.

심리학은 그런 마음의 움직임을 분석하고 '왜?', '어째서?'라는 의문에 답을 제시하는 학문이다. 물론 100퍼센트라고 장담하지는 못하지만, 심리학을 공부하면 상대가 하는 행동의 의미를 이해하거나 자신의 마음을 객관적으로 바라보며 냉정하게 판단할 수 있게 된다.

매일 주위 사람들이나 자신의 마음에 휘둘리며 살고 있는 사람은 부디 이 책을 끝까지 읽어 보기 바란다. 매일 같이 느꼈던 다양한 '왜?'라는 의문을 해결할 수 있게 될 것이다.

　또한 마음의 움직임을 공부하는 것은 자신의 업무 능력의 향상으로도 이어질 수 있다. 심리학을 공부한 결과 사람과 사람의 커뮤니케이션이 원활해진다면 일상의 업무를 더욱 매끄럽고 효과적으로 진행할 수 있게 되기 때문이다.

　이 책은 심리학자와 그들의 유명한 실험 등 심리학의 기본적인 지식을 소개하는 한편으로 다양한 상황에서 활용할 수 있는 실천적인 테크닉도 망라하는 등 알차게 구성되어 있다. 독자 여러분이 이 책을 통해 심리학의 재미에 눈을 뜨는 동시에 여러분의 인생을 풍요롭게 만들어 줄 테크닉들을 얻게 된다면 매우 기쁠 것이다.

철학자 우에키 리에
植木理恵

CONTENTS

배움의 성과 확인용 다이어리 ✏️

공부한 날짜와 함께 공부한 내용을 간략하게 메모하고
매일의 발전을 위한 토대로 삼자.

DAY	DATE	MEMO
DAY 1	/	
DAY 2	/	
DAY 3	/	
DAY 4	/	
DAY 5	/	
DAY 6	/	
DAY 7	/	
DAY 8	/	
DAY 9	/	
DAY 10	/	
DAY 11	/	
DAY 12	/	
DAY 13	/	
DAY 14	/	
DAY 15	/	

DAY	DATE	MEMO
DAY 16	/	
DAY 17	/	
DAY 18	/	
DAY 19	/	
DAY 20	/	
DAY 21	/	
DAY 22	/	
DAY 23	/	
DAY 24	/	
DAY 25	/	
DAY 26	/	
DAY 27	/	
DAY 28	/	
DAY 29	/	
DAY 30	/	

심리학은 관찰을 통해 '인간'을 해명하는 학문

간단 요약

실험과 데이터 수집을 통해
눈에 보이지 않는 '마음'을 탐구한다

대체 마음이란 무엇일까? 그리고 인간이란 무엇일까?

여러분도 비즈니스 현장이나 사생활 속에서 '상대방의 마음을 모르겠어.', '저 사람은 나를 어떻게 생각하고 있을까?' 같은 생각에 마음이 불안해지거나 '(연인과)서로의 마음을 알 수 있다면 더 행복해질 수 있을 텐데……' 같은 고민을 한 적이 있을 것이다. 최근에는 그런 스트레스와 고민으로부터 마음을 보호하기 위한 멘탈 헬스[1]도 중요시되고 있다.

어구 해설 ✐

---

1) **멘탈 헬스** • 정신 건강을 의미한다. 피로나 스트레스, 고민 등으로 몸의 컨디션이 무너지는 일이 없도록 보호하는 것, 또 몸의 컨디션이 무너진 사람을 보살피는 것은 사회적으로도 중요한 일이 되고 있다.

그렇다면 '마음'이란 대체 무엇일까? 마음은 눈으로 확인할 수 없으며, 어떤 수치를 측정할 수도 없다. 그러나 마음이 인간을 지배하는 것은 분명한 사실이다. 심리학은 그런 정체를 알 수 없는 마음을 과학적으로 연구해 '인간이란 무엇인가?'라는 수수께끼까지 밝혀내려 하는 학문이다.

무의식 속에서 움직이는 마음과 행동을 과학적으로 분석한다

마음을 하나의 학문으로써 생각한 최초의 인물은 고대 그리스의 플라톤과 아리스토텔레스[2]이지만, 근대적인 심리학은 1879년에 빌헬름 분트[3]가 과학적인 연구법을 확립하면서 탄생했다.

그렇다면 어떻게 해야 눈에 보이지 않는 마음을 과학적으로 해명할 수 있을까? 그 시작은 사람의 '행동'을 관찰하는 것이다. 사람의 행동에는 반드시 마음의 움직임이 동반되는데, 마음의 움직임은 무의식적이며 마음과 연결되어 있는 행동도 무의식적이다. 이 '의식하지 않고 하는 행동, 자신도 모르게 하는 행동'을 관찰하고 데이터를 수집하면 마음의 분석이 가능해진다. 그리고 이를 위해서 실험을 반복하고, 피험자와 면담을 거듭하며, 의학적 혹은 뇌과학[4]적으로도 검증한다. 심리학이라고 하면 문

어구 해설 ✎

2) **플라톤과 아리스토텔레스** • 고대 그리스의 철학자.
3) **빌헬름 분트** • 독일의 심리학자. 현대 심리학의 기초를 쌓은 인물이다. 1832~1920년.
4) **뇌과학** • 인간을 포함한 동물의 뇌가 어떻게 작용하는지 연구하는 학문 분야. 의학, 생물학, 유전학 등 다양한 분야에서 연구가 진행되고 있다.

과 계열의 학문이라고 생각하기 쉽지만, 사실은 매우 이과적인
체계를 갖춘 학문인 것이다.

원활한 인간관계를 이끌어내는 행동 심리학

약 130년 전에 분트가 확립한 과학적인 심리학. 최근에는 사
람의 행동에서 심리를 읽어내는 '행동 심리학5)'이 인간관계를
원활히 하는 키워드로써 자주 사용되고 있다. 행동 심리학의
연구 방법은 다수의 피험자 행동을 관찰하고 설문조사 등을 통
해 데이터를 수집해 비교와 검증을 거듭하는 것이다. 요컨대 일
반적인 사람들에게는 어떤 심리적 경향이 있는지를 과학적 근거
를 통해서 밝혀내는 것이 행동 심리학이다.

행동 심리학은 많은 사람이 모여 있는 상황에서 활용될 때가

어구 해설 ✐

---

5) **행동 심리학** • 객관적 방법을 통해서 파악할 수 있는 사람들의 행동을 대상으로 의식을 읽어내는
심리학.

많으며, 개인의 마음을 탐구하는 데는 적합하지 않은 것으로 여겨진다. '눈앞에 있는 이 사람의 마음을 알고 싶어!' 같은 상황에서도 행동 심리학을 이용하면 '혹시 이렇게 생각하고 있는 것이 아닐까?' 같은 가설을 통해 상대방의 마음을 탐구할 수는 있지만, 그 사람의 상황이나 사정에 따라서는 행동 심리학이 적용되지 않는 경우도 있음을 기억하기 바란다.

기초 심리학 연구를 통해 축적된 데이터를 응용 심리학에 활용한다

심리학에는 그 밖에도 다양한 분야가 있다. 일반적인 마음의 법칙을 탐구하는 심리학은 '기초 심리학'이라고 부른다. 실험을 실시함으로써 연구를 진행하고, 이를 통해서 모은 데이터로부터 이론이나 법칙을 이끌어낸다. 기초 심리학에는 실험 심리학, 학습 심리학, 인지 심리학, 비교 심리학, 사회 심리학 등이 있다.

또한 '응용 심리학'은 기초 심리학을 활용해서 마음의 문제를 해명하려 하는 분야다. 카운슬링6)에 이용되는 임상 심리학7)을 비롯해 교육 심리학, 스포츠 심리학, 범죄 심리학, 재해 심리학, 환경 심리학 등 다양한 분야에서 연구가 진행되고 있다.

어구 해설 ✐

6) **카운슬링** • 상담자가 안고 있는 고민이나 걱정거리를 본인이 스스로 해결할 수 있도록 돕는 방법.
7) **임상 심리학** • 정신적인 건강이 위협받고 있는 사람들이 적절하게 환경에 적응할 수 있도록 진단이나 치료를 통해서 돕는 심리학의 한 분야.

사람은 살아가면서 여러 가지 사건에 직면하며, 그때마다 마음에 어떤 영향을 받는다. 사회 정세나 연령, 환경 등 다양한 요인을 통해서도 변화한다. 시시각각으로 변화하는 마음을 탐구하는 심리학은 시대와 함께 더욱 세분화되어 왔으며, 지금도 연구가 계속되고 있다.

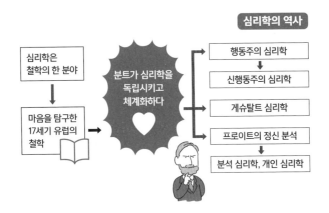

DAY 2

30일 만에 배우는
심리학 수첩

대표적인 심리학자 ①
지그문트 프로이트

간단 요약

'무의식'을 과학적으로 탐구한
정신 분석학의 선구자

최면술에서 시작된 프로이트의 연구

정신 분석학의 아버지로 불리는 지그문트 프로이트[1]는 심리학을 공부할 때 절대 무시할 수 없는 존재다. 오스트리아 출신의 정신과 의사였던 프로이트는 개인의 마음(프시케(Psyche)[2])에 존재하는 '무의식'을 주목했다. 당시의 철학자나 신경학자들은 사람의 마음에 무의식의 영역이 있다고 생각했지만, 너무나도 심원하고 이해하기 어려운 주제인 탓에 좀처럼 해명에 이르

어구 해설 🖎

1) **지그문트 프로이트** • 오스트리아의 정신과 의사. 빈 대학교에서 의학을 공부한 뒤 신경학 의료 시설을 개설했다. 1908년에는 정신 분석 학회를 창설하고 후진의 양성에도 힘썼다. 1856~1939년.

2) **프시케(Psyche)** • '마음·혼'을 의미하는 그리스어. 여기에 '논리'를 의미하는 로고스(logos)를 조합한 것이 심리학을 의미하는 영어 'Psychology'의 어원이다.

지 못하고 있었다. 그런 상황에서 프로이트는 이전부터 의사들이 실시하고 있었던 최면술을 이용해 무의식에 접근하는 정신치료에 흥미를 느끼고, 무의식을 과학적인 견지에서 탐구하는 선구자가 되었다.

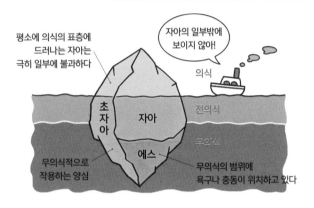

평소에 눈에 보이는 의식은 '자아의 일부'뿐

평소에 의식의 표층에 드러나는 자아는 극히 일부에 불과하다

자아의 일부밖에 보이지 않아!

의식

초자아 / 자아 / 전의식

무의식적으로 작용하는 양심

에스 / 무의식

무의식의 범위에 욕구나 충동이 위치하고 있다

프로이트가 생각하는 사람의 마음의 구조

프로이트는 사람의 마음이 '의식(意識), 전의식(前意識), 무의식(無意識)'의 3층으로 구성되어 있다고 보고(국소론3)), 무의식은 가장 하층의 영역이라고 생각했다. 그리고 무의식은 가장 하층에 있으면서도 의식과 무의식을 감싸고 있어서, 사람의 사고(思考)

어구 해설 ✐

3) **국소론** • 사람의 마음은 '의식, 전의식, 무의식'의 3층으로 구성되었다는 설. 의식은 표층에 무의식은 마음의 하층에 위치한다. 전의식은 의식과 무의식의 사이에 존재한다.

나 기억, 충동은 전부 무의식에서 시작된 뒤 점차 의식의 영역으로 올라간다고 말했다.

또한 무의식에서 의식의 영역으로 올라가는 것은 극히 일부에 불과하다고 주장했다. 대부분은 무의식 속에 그대로 남아있다는 것이다. 그렇다면 무의식이 되는 것은 무엇일까?

강렬한 경험이나 생각은 무의식의 영역에 갇힌다

무의식이 되는 것은 3층 가운데 '표층에 있는 의식의 영역이 받아들일 수 없을 만큼 강렬한 생각이나 기억, 충동'이라고 한다.

프로이트는 유소년기에 느꼈던 견디기 힘들 정도의 고통이나 기억하고 싶지 않을 만큼 큰 충격을 받았던 경험 등 안심하고 살아가는 것을 방해할 만한 것들이 여기에 해당한다고 말했다. 사람은 이런 것들을 억압[4]해 3층 가운데 제일 깊은 곳인 무의식에 가둬 놓는 것이다. 이것은 인간의 본능적인 작용이라고 한다.

그리고 무의식의 영역에 가둬 놓는 것은 스스로는 깨닫지 못하며, 그런 것이 자신의 내부에 존재한다는 사실조차 모르는 채 일상생활을 하게 된다.

어구 해설 ✎

[4] **억압** • 프로이트는 의식의 영역에서는 받아들이기 힘든 생각이나 기억, 충동을 무의식의 영역에 가둬 놓는 마음의 작용을 억압이라고 불렀다.

한편, 3층의 중간에 있는 '전의식'은 일상생활에 영향을 끼치지 않으며 억압받지도 않는 생각이나 기억, 충동이 존재하는 부분이라고 프로이트는 생각했다.

무의식의 영역에 접근하는 치료법

억압되어 무의식 속에 갇힌 사고나 기억, 충동은 그 사람의 행동이나 삶의 자세 등을 크게 좌우한다.

사람은 무의식의 존재를 깨닫지 못한 채 무의식에 조종당하고 있다고 프로이트는 주장했다.

여기에서 문제는 의식과 무의식 사이에서 발생하는 불협화음이 사람의 마음에 긴장을 만들어낸다는 것이다. 긴장은 이윽고

프로이트가 생각한 마음의 구조

지각·의식

전의식

초자아

억압된 것

무의식

평소에 현실을 향하고 있는 전의식과 의식되지 않는 무의식의 불협화음이 마음의 병을 만들어낸다

마음의 균형을 무너뜨리게 되며, 마음의 병[5]을 일으킬 위험성을 내포하고 있다. 그리고 심할 경우 그런 마음의 병 때문에 죽

어구 해설 ✐

5) **마음의 병** • 당시는 히스테리나 신경증으로 생각하고 치료했지만, 오늘날에는 우울증, 의존증, PTSD(외상 후 스트레스 장애) 등 다양한 종류의 병이 있으며 증상도 치료법도 전부 다르다.

고 싶다는 감정이 생겨나기도 한다.

프로이트는 이런 마음의 병을 치료하기 위해 환자의 무의식에 접근했다. 자신도 모르는 사이에 억압하고 있었던 갈등으로부터 환자를 해방시킴으로써 고통이나 괴로움을 완화하는 방법이다.

이것을 정신 분석[6]이라고 부르며, 프로이트 외에도 프로이트에게서 수법을 배운 테라피스트들이 이 방법을 사용했다.

프로이트가 실천한 정신 분석이란?

프로이트는 환자를 소파에 눕힌 채로 정신 분석을 통한 치료를 실시했다. 환자의 시야에 들어오지 않는 곳에서 말을 걸고, 환자가 하는 말에 귀를 기울였다. 그때까지 사람들에게 이야기할 수 없었던 생각이나 고통, 괴로움은 의식과 무의식 사이의 갈등으로서 표면화되는데, 이것은 일종의 암호나 거짓말의 형태로 이야기될 때가 많다. 프로이트는 자유 연상법[7]과 말실수[8] 같은 다양한 방법으로 그것을 읽어내고 억압된 무의식을 의식속으로 끄집어내 환자의 마음을 해방시켰다.

어구 해설 ✍

6) **정신 분석** • 환자와 대화를 나누면서 무의식의 영역에 숨어있는 갈등을 의식의 영역으로 끌어올리는 치료법. 프로이트가 과학적인 수법으로서 확립했다. 경우에 따라서는 치료에 수 년이 걸리기도 한다.

7) **자유 연상법** • 환자가 카운슬러에게 제시받은 단어에 대해 머릿속에 떠오르는 대로 자유롭게 이야기하는 정신 분석 수법. 억압받고 있었던 것이 의식의 영역으로 이동해 명확해진다.

8) **말실수** • 말을 틀리거나 무의식적으로 어떤 말을 해버리는 것은 억압되어 있는 생각이나 기억, 충동이 표면화된 것이라고 프로이트는 생각했다.

프로이트의 정신 분석

환자가 마음 가는 대로 이야기하도록 유도함으로써
분석자는 환자의 마음의 심층에 다가간다

분석자는 환자의 눈에 보이지
않는 장소에서 질문한다

꿈에 나오는 것은 소망과 그 소망을 충족하고 싶다는 욕구

또한 프로이트는 환자가 자는 동안에 꾸는 꿈을 분석하는 방법을 통해서도 무의식에 접근했다. 프로이트의 저서인 《꿈의 해석》9)에도 나오듯이, 프로이트는 자신이 꾸는 꿈을 연구 대상으로 삼았다. 그리고 꿈에는 무의식 속에 숨어 있는 소망을 충족하고 싶다는 욕구가 드러난다고 결론지었다.

사람의 마음을 구성하는 '에스, 자아, 초자아'

만년에 프로이트는 사람의 마음에는 '에스(이드), 자아(에고),

어구 해설 ✎

9) **《꿈의 해석》** • 1900년에 발표된 프로이트의 저서. 그때까지 무의미한 현상으로 인식되어 왔던 꿈을 '무의식의 세계로 향하는 실마리'로 여기고 연구 대상으로 삼았다.

초자아(슈퍼에고)'가 존재한다고 생각했다(구조론10). 에스는 충동(주로 성적 충동)이나 욕망을 즉시 충족시키려 한다. 자아는 살고 있는 상황이나 환경에 맞춰서 생각을 결정하며, 에스에서 생겨나는 욕망을 합리적인 방법으로 해소하려 한다. 또 초자아는 사회적인 도덕 규범이나 판단력 등을 통해 에스와 자아를 통제하며, 양심이나 죄책감, 수치심 등을 가져온다. 이런 에스, 자아, 초자아의 균형은 마음에 갈등을 일으킬 때도 있다. 초자아의 경계심이 강할 경우, 에스에서 생겨나는 욕망에 죄책감이나 불안감을 느끼고 에스의 욕망을 무의식 속에 가둬 놓는 것이다. 프로이트는 정신 분석을 이용해 이런 억압에서 생겨나는 갈등으로부터 마음을 해방시키려 했다.

어구 해설 🖊

10) **구조론 •** 인간의 마음은 에스, 자아, 초자아의 3층 구조라는 이론. 에스는 쾌감 원칙에 입각해 성적 에너지를 해방시킨다. 자아는 현실을 보고 욕구를 조정한다. 초자아는 도덕적 가치관에 입각해 에스를 억제한다.

대표적인 심리학자 ②
카를 구스타프 융

간단 요약

고대부터의 기억인 집합적 무의식이
마음을 좌우한다

프로이트와 결별하고 독자적인 이론을 구축한 융

스위스의 정신과 의사이며 분석 심리학을 창시한 카를 구스
타프 융[1]. 그는 프로이트에게 정신 분석학을 배웠다. 두 사람은
사제 관계인 동시에 친교가 깊은 동지이기도 했다. 융은 본래
프로이트의 생각을 계승하는 입장이었지만, 프로이트가 리비도
(Libido)[2]는 성적 에너지로 한정된다고 생각한 데 비해 융은 무

어구 해설 🖊

1) **카를 구스타프 융** • 스위스의 정신과 의사이자 심리학자. 프로이트에게 정신 분석을 배웠지만, 집합
적 무의식이나 원형 같은 독자적인 분석 심리학을 확립했다. 1875~1961년.

2) **리비도(Libido)** • 프로이트가 제창했던 '성적(性的) 에너지'. 프로이트는 성적인 성질에 바탕을 둔 에
너지라고 주장했지만 융은 단순히 성적 에너지가 아니라고 생각했기 때문에 갈등을 빚었다.

조건 성적 에너지가 발단이 되지는 않는다고 주장하면서 결국 결별하게 되었다. 또한 융은 프로이트와 달리 프시케(마음)가 '현재의식(懸在意識), 개인적 무의식, 집합적 무의식[3]'의 세 부분으로 나뉜다는 이론도 전개했다.

집합적 무의식이란 인류가 축적해 온 기억

융에 따르면, 현재의식은 자신이 인식할 수 있는 것이며 자아(自我)다. 또한 개인적 무의식은 억압된 것 혹은 그 사람 개인의 기억에 따른 것이다. 그리고 집합적 무의식은 그 사람 개인의 생각이나 경험, 충동이 아니라 인간의 조상이 경험하고 축적해 온 보편적인 것으로서 인간이라면 누구나 공유하고 있는 것이라고 한다.

융은 어떻게 해서 집합적 무의식이라는 발상에 다다른 것일까? 그 이유는 '지구상의 어떤 사회에서나, 또 어떤 시대에나 유사한 신화나 상징이 탄생했기' 때문이었다. 수천 년이라는 긴 세월에 걸쳐 전혀 다른 문화권에서 비슷한 스토리의 신화가 만들어졌으며, 상징이 되는 등장인물도 유사했다. 이와 관련해 융은 시대나 세대를 초월해 인간에게 면면히 계승되어 온 기억이 존재하기 때문이라는 결론을 내린 것이다. 또한 융은 집합적 무의

어구 해설 ✐

3) **집합적 무의식 •** 마음의 많은 부분을 차지하며, 구조적으로는 현재의식과 개인적 무의식의 하부에 깊은 층을 이루고 있는 무의식.

식에서 탄생하는 상징에는 몇 가지 패턴이 있다고 주장하고, 그것을 '원형(Archetypus)⁴⁾'이라고 불렀다.

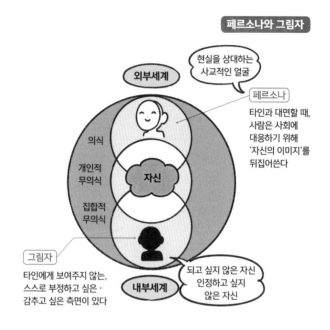

사람의 마음에 존재하는 페르소나와 그림자

융의 주장에 따르면, 집합적 무의식에 있는 '원형'은 사람의 감정이나 행동에 영향을 끼친다고 한다. 원형에는 여러 가지가 있

어구 해설 ✎

4) **원형(Archetypus)** • 집합적 무의식을 형성하는 상징이 되는 이미지. 환경이나 문화에 따라 약간의 차이는 있지만, 세계의 모든 사람이 같은 유형의 원형을 갖고 있다.

는데, 가장 대표적인 것은 '페르소나(Persona)[5]'다. 페르소나는 사람이 사회나 타인에게 보여주고 있는 자신의 이미지를 의미한다. 상대방에게 좋은 인상을 주려고 하거나 맡은 역할을 다함으로써 현실 사회에 적응하려 한다.

페르소나와는 정반대에 위치한 '그림자(Shadow)[6]'라는 원형도 존재한다. 그림자는 자신을 부정하거나 숨기는 부분으로, 억압받고 있는 것도 포함된다. 타인이나 사회에 보여주는 일은 없다.

여성성을 나타내는 아니마와 남성성을 나타내는 아니무스

원형에는 '아니마(Anima)와 아니무스(Animus)'라는 성별에 관한 개념도 있다. 아니마는 남성의 내부에 있는 여성적인 측면을 말하며, 아니무스는 여성의 내부에 존재하는 남성적인 측면을 의미한다. 융의 생각에 따르면, 사람은 남성적인 부분과 여성적인 부분을 혼합하면서 성장해 생물로서 완전한 남성 혹은 여성이 된다. 그러나 남성과 여성 모두 자신의 무의식 속에 상반되는 성별을 남기고 있으며, 이것은 그 사람의 성격이나 기분의 형태로 표면화되기도 한다. 예를 들어 감각적인 발언을 하는 것은 아니마이고, 합리적인 생각을 하는 것은 아니무스라는 것이

어구 해설 🖉

[5] **페르소나(Persona)** • 원형 중 하나로, 사회나 타인을 향하고 있는 자신의 이미지다. 사람은 자신의 내부에 몇 가지 페르소나를 갖고 있으며, 환경이나 상황에 맞춰서 적절한 페르소나를 사용한다.

[6] **그림자(Shadow)** • 타인에게는 보여주고 싶지 않은, 감추고 싶은, 부끄럽다고 느끼는 원형. 그림자를 표현한 예로는 소설 《지킬 박사와 하이드 씨》에 등장하는 하이드 씨 등이 있다.

다. 또한 융은 아니마와 아니무스가 남자다움과 여자다움이라는 고대로부터 이어져 내려온 관념에도 영향을 끼치고 있다고 생각했다.

자기실현은 자신의 노력으로 이룰 수 있다

다양한 원형 중에서 가장 중요시되는 것은 '진정한 자기'다. 이것은 원형의 중심적 존재로, 마음속에 있는 다양한 측면을 집약해서 조화시켜 지금보다 더 높은 심리 상태를 지향하려 한다. 융은 이 원형의 작용을 '자기실현[7]'이라고 불렀다. 그리고 자기실현을 이루려면 자신이 의식하고 노력해야 한다고 주장했다.

융이 제창한 외향형과 내향형

또한 융은 사람이 타인이나 사회에 어떻게 적응하는지를 결정하는 '내향형과 외향형[8]'이라는 두 가지 성격 유형도 제창했다. 지금도 성격을 나타낼 때 "저 친구는 외향적인 사람이야."라든가 "저는 내향적이어서……." 같은 표현을 사용하는 경우가 있는데, 이 발상은 융의 이론에서 시작된 것이다. 외향형인 사람

어구 해설 ✍

7) **자기실현** • 융이 이야기하는 인간의 목표는 지금보다 한 단계 높은 심리 상태가 되는 것으로, 이것을 자기실현이라고 부른다. 원형 중에서도 중심적이고 조직화에 기여하는 '진정한 자기'가 된다.

8) **내향형과 외향형** • 내향형이나는 외향형이나 인격 유형을 도입하고 사고·감정·감각·직감이라는 심리적 기능도 함께 분류한 것. 훗날의 성격 검사에도 영향을 끼쳤다.

은 리비도의 에너지가 사회나 타인이라는 외부세계를 향하고 있다고 한다. 한편 내향적인 사람은 리비도의 에너지가 자신의 마음 같은 내부세계를 향하고 있으며, 주관적인 감정이나 경험에 중점을 두는 유형이라고 한다. 융은 이런 성격 유형은 평생 바뀌지 않는다고 분석했다.

등장한 원형을 통해서 판단하는 융의 꿈 분석

융은 프로이트와 마찬가지로 꿈을 분석함으로써 사람의 마음을 탐구하려 했다. 저서 《꿈의 본성에 관해》 등에서도 융은 프로이트와 달리 "꿈은 의식과 집합적 무의식의 대화이며, 꿈에 나오는 원형은 쌍방의 대화를 촉진하는 상징이다."라고 언급했다. 가령 꿈속에 현자[9]가 등장했다면 나아가야 할 방향이나 지혜 등이 찾아옴을 의미한다고 한다. 또한 대모(Great Mother)[10]는 양육자를 나타내는 원형으로, 꿈에 나타났을 때는 안심감이나 안락함 등을 나타낸다. 그리고 트릭스터(Trickster)[11]가 등장했다면 그것은 쉽게 상처받는 연약함을 나타내는 동시에 자신의 욕망을 억제하는 존재이기도 하다.

어구 해설 ✎

[9] **현자** • 꿈속에 교사나 의사, 카운슬러, 부모 등의 모습으로 나타난다.
[10] **대모(Great Mother)** • 어머니나 할머니, 큰 모성을 떠올리게 하는 원형. 여신이나 성모 마리아, 마녀 등의 모습으로 나타난다.
[11] **트릭스터(Trickster)** • 광대나 마술사 등의 모습으로 나타나는 원형. 북유럽의 신화에 등장하는 장난꾸러기 신 로키나 그리스 신화의 반수신(半獸神) 판 등도 트릭스터라고 융은 주장했다.

문화, 학문, 엔터테인먼트에 기여하는 융의 이론

　융이 체계화한 집합적 무의식과 원형, 그리고 외향형·내향형 등의 성격 유형 같은 개념은 후세의 심리학, 인류학, 나아가 영적인 분야에도 지대한 영향을 끼쳤다. 또한 문화·예술의 세계에도 널리 침투했는데, 특히 원형에 관한 해석은 현대의 문학이나 이야기, 영화 같은 엔터테인먼트 분야에도 도입되어 다양한 작품의 탄생에 기여했다.

대표적인 심리학자 ③
알프레트 아들러

간단 요약

사람은 열등감을 보상하고 극복하면서
자신감을 획득한다

프로이트에게 이의를 제기하고 독자적인 이론을 구축하다

알프레트 아들러[1]는 오스트리아의 수도 빈에서 태어났다. 5세였을 때 폐렴을 앓아 생사의 갈림길을 오갔던 경험에서 의사가 되기로 결심하고 빈 대학교에서 의학을 공부했다. 졸업 후에는 안과 의사로 일하기 시작했는데, 얼마 후 종합 진료의로 전향했다.

프로이트가 정신 분석 의사로서 다양한 이론을 구축했을 무

어구 해설 ✎

1) **알프레트 아들러 •** 오스트리아의 정신과 의사, 심리학자, 사회 이론가. 프로이트, 융과 함께 정신 분석 학회를 창설했다. 만년에는 활동의 거점을 미국으로 옮겼다.

렵, 아들러도 프로이트의 밑에서 심리 연구에 참여하게 된다. 그는 융과 함께 프로이트의 후계자로 불렸으며, 빈 정신 분석 학회[2]의 창설 멤버로도 이름을 올렸다. 그러나 프로이트와는 다른 이론을 주장했기 때문에 1911년에 프로이트의 곁을 떠나게 된다.

사회적 요인도 사람의 마음에 영향을 끼친다

프로이트는 사람의 마음에는 무의식의 영역이 있으며 견디기 힘든 생각이나 경험은 무의식 속에 억압된다는 이론을 내놓았는데, 아들러의 생각은 여기에서 한발 더 나아갔다. 의식과 무의식 사이에서 주고받는 리비도는 분명히 마음에 크게 작용하지만, 환경이나 사회적 요인도 그와 동등하게 영향을 끼치지 않겠느냐는 견해를 제시한 것이다. 아들러는 이 이론을 '개인 심리학[3]'으로서 확립하고 신경증을 앓는 사람들의 치료에 도입했다. 또한 자신의 이론을 계승하는 학교도 설립해, 심리학자로서 커다란 공적을 남겼다.

어구 해설 ✎

2) **빈 정신 분석 학회** • 정신 분석의 연구를 진행한 프로이트가 1908년에 설립했다. 한때 아들러가 회장을 맡기도 했지만 견해가 달랐기 때문에 탈퇴했다.

3) **개인 심리학** • 개인의 심리학 특성을 중심에 두는 심리학. 무의식 속에 억압된 것이 마음을 좌우한다는 프로이트의 '원인론'에 맞서서 아들러가 제창했다.

그때까지의 심리학과 아들러의 개인 심리학의 차이

의식　감정

마음　신체

사고　무의식

개인=개개의 요소의 집합체

그때까지의 심리학

분류하는 것은 의미가 없으며, '개인'으로서 심리학을 활용한다

개인=분할할 수 없는 '전체'

아들러의 개인 심리학

신체 장애인의 치료에서 이론 구축의 실마리를 얻다

아들러가 가장 관심을 보였던 것은 열등감⁴⁾과 자존심에서 기인하는 적극성과 소극성이었는데, 이것을 탐구하게 된 계기는 과거에 신체 장애인을 치료한 경험이었다. 어떤 이유로 장애(생리적 결함)를 안고 있는 환자 중에는 장애가 있다는 것이 동기 부여가 되어서 고도의 운동 능력을 발휘하는 사람이 있는가 하면, 장애를 가졌다는 것에 좌절해 현재의 상태를 타개하려는 노력을 하지 못하는 사람도 있었다. 아들러는 그 차이에 주목한 것이다.

어구 해설 🖉

---

4)　**열등감** • 타인과 자신을 비교하고 자신이 뒤떨어졌다고 느끼는 것. 용모, 능력, 학력, 수입, 사회적 지위 등 개인에 관한 사항에 열등감을 느끼는 경우가 많다.

신체적 장애를 극복할 수 있는 사람과 극복하지 못하는 사람은 어떤 차이가 있을까? 아들러는 이런 사람들이 자기 자신을 바라보는 관점이 다른 것은 아닌가, 자존심에는 개인차가 있는 것이 아닌가 생각했다. 이것은 아들러의 저서인 《기관 열등감과 그 심적 보상에 관한 연구》에도 적혀 있다.

장애를 극복했을 때 생겨나는 높은 능력이란?

　아들러는 신체에 장애가 있는 것이 그 사람에게 보상5)의 충동을 가져다주는 경우가 있으며, 장애와 가장 관계가 깊은 분야에서 커다란 능력을 발휘할 때가 있다고 주장했다.

　아들러가 예로 든 인물은 고대 그리스의 데모스테네스라는 정치가였다. 데모스테네스는 어린 시절에 말더듬6)이 있었지만 그 장애를 극복하고 웅변에 능한 정치가로 대성했다.

　또한 핀란드의 육상 선수인 파보 누르미는 유소년기에 다리가 불편했지만 훗날 육상 선수로서 올림픽 금메달리스트가 됐다. 요컨대 사람은 열등감의 원인이 되는 장애가 있음으로써 뛰어난 능력을 발휘하는 경우가 있다고 주장한 것이다.

어구 해설 ✐

5)　**보상** • 열등감을 느끼는 것을 노력이나 대체 행위 등으로 극복하려는 심리를 가리킨다. 잘하지 못하는 것을 잘하게 될 때까지 노력하는 것 등이 보상 행동으로서 실천된다.

6)　**말더듬** • 말을 하려고 할 때 말이 잘 나오지 않는 것. 10대 전반까지의 발달, 뇌의 손상, 스트레스 등이 원인으로 알려져 있다.

아이는 열등감을 극복하며 성장한다

또한 아들러는 거듭된 연구를 통해 생리적 결함이 없더라도 보상의 충동이 생겨남을 알게 되었다. 사람은 누구나 열등감을 품음으로써 그것을 보상하기 위해 강함과 우월성을 추구한다는 것이다.

이것은 아이의 성장 과정에서도 발견된다고 한다. 어떤 아이든 부모나 손위 형제, 친구 등의 연장자에게 둘러싸여 있으면 자신보다 강하고 뛰어난 능력을 지닌 사람에게 열등감을 느낀다. 그러나 아이는 연장자를 보고 배우면서 무엇인가를 이루려는 목적을 갖고 그 목적을 달성함으로써 성장하며, 그렇게 해서 자신감을 얻는 동시에 열등감은 사라져 간다. 아이이든 어른이든 마음의 균형이 잡혀 있으면 이런 보상의 반복을 통해 마음의 성장을 계속해 나간다. 아들러에 따르면 목표나 노력이 현실적이고 적정하다면 열등감이 있더라도 마음의 균형은 유지된다. 그러나 일상생활에 지장이 있을 정도로 지나치게 노력하거나 몰두할 경우에는 문제가 발생한다. 이것은 과다보상[7]이 되며, 신경증의 원인이 될 수도 있다.

어구 해설 🖉

7) **과다보상 ·** 열등감을 극복하기 위한 보상(34 페이지)이 과도해지는 것. 구체적인 사례로는 체형에 열등감을 가진 사람이 지나치게 식사 제한을 하다 과식증이나 거식증에 걸리는 것 등이 있다.

열등 콤플렉스

주위에 있는 사람들에게 열등감을 느낀다

마음의 균형이 잡혔을 경우

열등감은 노력의 원동력이 된다!

마음의 균형이 잡히지 않았을 경우

성공이 열등감을 지우고 자신감을 불러온다!

성공해도 열등감만 커진다……

열등 콤플렉스와 우월 콤플렉스

신체적 장애에서 생겨난 열등감을 극복할 수 있는 사람이 있는 반면에, 신체적 열등감(기관 열등감8))을 지우지 못하는 사람도 있다. 그리고 이것이 도화선이 되어서 또 다른 열등감을 낳기도 한다. 이런 상태가 오래 계속되면 마음의 균형이 무너져버릴 수 있는데, 아들러는 이것을 '열등 콤플렉스9)'라고 불렀다. 아이의 경우도 열등감을 가진 채 성장하면 사회에 제대로 적응

어구 해설 ✎

8) **기관 열등감 •** 일상생활에 곤란을 초래하는 핸디캡. 아들러가 제창한 개념이다.

9) **콤플렉스 •** 무의식 속에 존재하면서 자아를 위협하는 관념의 복합체. 아들러의 '열등 콤플렉스'라는 말이 계기가 되어, 오늘날에는 '콤플렉스' 자체가 열등감을 의미하는 말로 쓰이고 있다.

하지 못하게 되거나 열등감을 숨기려 하다 열등 콤플렉스를 만들어 버릴 수 있다.

또한 아들러는 '우월 콤플렉스'라는 균형을 잃은 상태가 있다는 사실도 밝혀냈다. 목표를 달성해도 자신감을 느끼지 못하는 정신 상태다. 이 경우, 열등감을 극복하지 못하는 자신을 타인에게 보여주지 않으려고 허영적인 태도로 타인을 대하기도 한다.

열등감과 마주하고 극복할 수단을 선택한다

열등감은 마음이 침울해지는 요인이기는 하지만, 극복하면 자신감을 획득하고 다른 능력을 이끌어내는 계기도 될 수 있다. 앞에서도 언급했듯이, 아들러는 무의식이나 천성만이 사람의 마음가짐을 결정하는 것은 아니라고 주장했다. 열등감과 마주하고 극복할 수단을 선택해 나가는 것도 인격 형성에 꼭 필요한 요소인 것이다.

DAY 5

30일 만에 배우는
심리학 수첩

유명한 실험을 통해서
배우는 심리학 ①

간단 요약

인간의 행동은 타인을 통한
사회적 영향에 크게 좌우된다

행동은 상과 벌을 통해 조종할 수 있는가? ― '조작적 조건 형성 실험'

'목표를 달성하면 특별 보너스를 지급한다.', '경기에서 패하면 운동장을 10바퀴 달린다.' 같은 식으로 부하 사원이나 학생의 동기를 유발하는 수법은 오래전부터 사용되어 왔다. 그런데 이런 방법이 과연 효과가 있는 것일까?

미국의 심리학자인 버러스 프레더릭 스키너[1]는 인간의 행동

어구 해설 🖋

1) **버러스 프레더릭 스키너** • 미국의 심리학자. 작가를 지망했지만 길이 열리지 않아 대학에서 심리학을 공부했다. 자신의 입장을 '철저 행동주의'라고 자칭한 행동 분석의 창시자. 1904~1990년.

은 결과에 동반되는 상벌에 따라 형성된다고 주장했다. 그는 쥐나 비둘기를 사용한 실험을 통해 학습의 한 형태인 '조작적 조건 형성[2]'이라는 개념을 발견했는데, '스키너 상자'를 이용한 실험이 특히 유명하다.

쥐에게 레버를 누르는 것을 기억시키려면

레버를 누르면 먹이가 나오도록 만든 상자에 쥐를 집어넣는다. 그러자 처음에 우연히 레버를 건드려서 먹이가 나오는 경험을 한 쥐는 얼마 후 먹이를 얻으려면 레버를 눌러야 함을 학습하게 되었다(정적 강화(Positive Reinforcement)[3]).

또한 쥐에게 고통을 동반하는 전기 충격을 주고 레버를 누르면 전기 스위치가 꺼지도록 만드는 방법으로도 레버를 누르는 것을 가르칠 수 있었다(부적 강화(Negative Reinforcement)[4]).

이렇게 보면 언뜻 같은 효과를 얻을 수 있는 것 같지만, 스키너는 정적 강화의 경우 효율적으로 행동하도록 만드는 데 비해 부적 강화는 생산성을 떨어뜨리는 결과를 초래할 수 있다고 생각했다.

어구 해설 ✐

2) **조작적 조건 형성** ∙ 조건 형성의 형태 중 하나. 먹이를 얻기 위해 레버를 누르는 등 능동적으로 한 행동에 결과가 좌우되는 유형의 조건 형성이다.

3) **정적 강화(Positive Reinforcement)** ∙ 행동에 동반해 자극이 주어짐에 따라 행동이 증가하는 것. 긍정적 강화라고도 한다.

4) **부적 강화(Negative Reinforcement)** ∙ 행동에 동반해 자극이 소실됨에 따라 행동이 증가하는 것. 부정적 강화라고도 한다.

징벌적인 처분에는 일정 행동을 약화시키는 효과가 기대되기 때문에 아이가 바람직하지 못한 행동을 했을 때 등에 사용하는 경우가 있다. 그러나 정신적인 고통이나 체벌로 부적절한 행동을 그만두게 한들, 그것은 어디까지나 징벌을 피하기 위한 행위일 뿐이기 때문에 행동을 제어하는 방법으로는 적절하다고 말할 수 없다.

눈동자의 색을 기준으로 아이들의 우열을 나누다 ─ '푸른 눈·갈색 눈 실험'

1968년에 미국에서 흥미로운 실험 수업이 실시되었다. 초등학교 3학년의 담임교사인 제인 엘리엇[5]이 실시한 실험이다. 엘리엇은 학급을 눈동자가 파란색인 아이와 갈색인 아이로 나누고, 첫날에는 "푸른 눈의 아이는 착한 아이니까 5분 더 놀아도 된단다.", "갈색 눈의 아이는 구제 불능인 아이니까 음료수대를 쓰면 안 돼."와 같이 푸른 눈의 아이는 우월하며 갈색 눈의 아이는 열등하다고 규정하고 대우했다. 그리고 다음날에는 반대로 갈색 눈의 아이는 우월하며 푸른 눈의 아이는 열등하다고 규정하고 대우했다.

어구 해설 ✎

5) **제인 엘리엇** • 미국의 교육자이자 인종차별 반대 활동가. '푸른 눈과 갈색 눈' 실험 수업은 미국 북서부에 위치한 아이오와 주 라이스빌의 초등학교에서 실시되었다. 1933년~.

본래는 차별 의식을 가르치려는 수업이었는데 의외의 결과가…

이 수업의 본래 목적은 '차별받는 기분을 실제로 경험시킴으로써 인종 차별[6]에 대한 아이들의 생각을 바꾸는 것'이었다. 그런데 의외의 사실이 판명되었다.

이 수업을 실시하기 2주 전과 수업을 실시한 이틀 동안, 그리고 수업을 실시한 지 2주 후에 국어와 수학 시험을 본 결과 아이들의 시험 점수가 '우월한 아이'로 대우받았을 때 가장 높고 '열등한 아이'로 대우받았을 때 가장 낮게 나온 것이다. 게다가 수업 후에는 학급 전체의 성적이 상승했다고 한다. 우월한 아이로 대우받았을 때의 점수가 유지된 것이다.

엘리엇은 교직에서 물러난 뒤에도 인종 차별에 맞서 미국 각지의 교도소와 기업에서 같은 실험을 계속하고 있다.

훗날 하버드 대학교의 로버트 콜스[7]는 이 실험 수업에 대해 "최근 100년 사이 미국 교육계에서 가장 위대한 업적이다."라고 찬사를 보냈다. 또한 이 수업의 모습을 기록한 영상은 현지인 미국뿐만 아니라 일본에서도 방영되었다.

어구 해설 ✍

6) **인종 차별** • 인종에 따라서 가해지는 차별. 이 실험 수업의 전날. 흑인 민권 운동의 지도자였던 마틴 루터 킹 목사가 암살당했다.

7) **로버트 콜스** • 미국의 아동 심리학자이자 정신과 의사. 하버드 대학교와 컬럼비아 대학교에서 공부했다. 1929년~.

실험에서 보이는, 타인에게 인정받는 것의 빛과 그림자

이 실험은 타인에게 인정받는 것이 능력을 발휘하는 하나의 요인임을 보여줬다. 그러나 우월한 사람으로 대우받자 열등한 사람으로 대우받고 있는 상대를 깔보는 등의 태도 변화도 나타났다고 한다. 지도자의 한마디가 쉽게 타인을 차별하도록 만든 것이다.

타인에게 인정받는 것의 중요성

푸른 눈 | 갈색 눈

번갈아서
'우월한 아이'와
'열등한 아이'라는
꼬리표를 붙인다

우등 | 우등

▶ '우월한 아이'로 대우받았을 때
최고의 성적을 냈다

왜 사람들은 습격당한 여성을 돕지 않았는가? — '긴급 사태 개입 실험'

눈앞에서 어떤 도움이 필요한 사건이 일어났을 때, 사람은 어떤 행동을 할까?

1964년, 미국의 뉴욕에서 귀가 중이던 한 여성이 칼에 찔려 사망하는 사건이 일어났다(키티 제노비스 사건[8]). 당시 신문에서는 그녀가 도움을 요청했지만 목격한 시민 38명 중 단 한 명도 그녀를 돕지 않았으며 경찰을 부르지도 않았다고 보도했다. 이 보도를 접한 사회심리학자 빕 라테인[9]과 존 달리[10]는 '왜 사람들은 그녀를 돕지 않았을까?'라는 데 흥미를 느끼고 '긴급 사태 개입 실험'을 실시했다.

원조 활동은 처한 상황에 따라 변화한다

이 실험은 1970년에 컬럼비아 대학교의 학생 120명을 대상으로 실시되었다. 피험자들은 어떤 방으로 들어가 시장 조사용 설문지(가짜)를 작성했는데, 여성 감독관이 옆방에 가고 얼마 후 의자 위로 올라가서 무엇인가를 꺼내려 하는 소리와 무엇인가가 쓰러지는 소리, 그리고 그녀의 비명 소리(실제로는 테이프에 녹음해 놓은 음성)가 들렸다. 라테인과 달리는 이때 피험자들이 어떤 원조 활동[11]을 하는지 관찰했다.

실험은 다음의 4가지 조건으로 나뉘어서 실시되었다. ① 피험자는 혼자서 방에 들어가 설문지를 작성한다. ② 바람잡이와 피

어구 해설 🖋

8) **키티 제노비스 사건** • 이 사건은 신문의 보도로 유명해졌는데, 2016년에 실제로는 목격자가 훨씬 적었고(6명으로 추정) 대부분은 상황을 정확히 파악하지 못했으며 경찰에 신고한 사람도 2명이 있었다는 사실이 밝혀졌다.

9) **빕 라테인** • 미국의 사회심리학자. 미국 과학 진흥 협회의 상을 2회 수상했다. 달리와의 공저인 《냉담한 방관자》가 유명하다. 1937년~.

10) **존 달리** • 미국의 사회심리학자. 프린스턴 대학교의 심리학 교수였다. 1938~2018년.

11) **원조 활동** • 타인에게 이익이 되게 하는 자발적인 행동.

험자가 함께 방으로 들어가 설문지를 작성한다. ③ 서로 친분이 없는 피험자와 방으로 들어가 둘이서 설문지를 작성한다. ④ 서로 친한 피험자 두 명이 방으로 들어가 설문지를 작성한다.

그 결과, 원조 행동을 한 비율은 다음과 같았다.

(n은 피험자의 수). ① 70퍼센트(n=26), ② 7퍼센트(n=14), ③ 40퍼센트(n=20), ④ 70퍼센트(n=20)

혼자 있을 때는 피험자의 70퍼센트가 옆방으로 달려간 데 비해, 무관심한 태도를 유지하는 바람잡이가 있을 때는 7퍼센트만이 도우러 갔다. 흔히 사람이 많을수록 도움을 받을 확률이 높아진다고 생각하기 쉽지만, 실제로는 꼭 그렇다고 단정할 수 없는 것이다. 빕 라테인과 존 달리는 이 현상을 '방관자 효과'라고 명명했다.

방관자가 되는 심리

누군가가 도와주겠지……

으악!

=방관자 효과

▶ 자신 이외에 방관자가 있을 경우는 자신도 행동하지 않을 확률이 높다

DAY 6

유명한 실험을 통해서
배우는 심리학 ②

간단 요약

인간의 생태나 기억에 관한 수수께끼도
실험을 통해서 밝혀낼 수 있다

심리학의 역사에서 가장 유명한 실험 — '파블로프의 개'

생물이 태어날 때부터 지니고 있는 반사(무조건 반사)와 달리 나중에 훈련 등을 통해서 익힐 수 있는 반사를 조건 반사라고 한다. 무조건 반사는 '슬프면 눈물이 나온다.' 같은 것이고, 조건 반사는 '새콤한 귤을 보거나 생각하기만 해도 침이 나온다.' 같은 것이다. 이와 관련된 실험으로 '파블로프의 개'가 있는데, 심리학에 흥미가 없는 사람이라도 한 번쯤은 들어 본 적이 있을 것이다.

러시아의 생리학자인 이반 파블로프[1]는 개의 소화에 관해서

어구 해설 🖉

---

1)   **이반 파블로프 •** 제정 러시아·소비에트 연방의 생리학자. 이 실험을 통해 훗날의 행동 요법에 지대한 영향을 끼쳤다. 1849~1936년.

연구하다 실험실에 있는 개의 흥미로운 행동을 목격했다. 파블로프나 그의 조수가 실험실로 들어올 때마다 개가 침을 흘리는 것이었다.

이에 파블로프는 자신이 실험실에 있는 것과 먹이를 주는 것을 개가 연관 지어서 학습한 것이 아니냐는 가설을 세우고 체계적으로 검증을 시작했다.

중성 자극과 무조건 자극의 조합에 따른 조건 반사의 발견

실험에서는 먼저 먹이(무조건 자극)가 자동으로 개에게 침을 분비시킴(무조건 반사)을 확인했다. 그리고 이어서 벨소리 등(중성 자극2))을 통해 개에게 침을 분비시킬 수 있는지 확인했다. 결과는 모두가 아는 대로다. 먹이를 주기 직전에 벨을 울리기를 반복하자 개는 먹이가 시야에 없어도 벨소리만 들으면 침을 분비했다.

이런 학습을 고전적 조건 형성3)이라고 하며, 이 발견은 파블로프에게 심리학의 역사에서 부동의 지위를 안겼다. 파블로프는 개를 이용한 일련의 실험으로 1904년에 노벨 의학·생리학상을 수상했으며, 존 B. 왓슨과 버러스 스키너 등 행동주의 심리학자들에게 지대한 영향을 끼쳤다.

어구 해설 🖉

2) **중성 자극 •** 본래는 생체에 반응을 일으키지 않는 자극으로, 조건 형성을 실시하는 대상이 된다.

3) **고전적 조건 형성 •** 중성 자극(예: 벨소리)과 무조건 자극(예: 먹이)을 조합해서 실시하는 학습의 한 형태.

아기는 무엇을 원하는가? — '원숭이의 애착 실험'

일반적으로 아기와 어머니의 관계는 매우 강하다고 알려져 있다. 심리학자인 해리 할로[4]는 이 관계가 만들어지는 것이 '어머니가 공복이나 갈증 같은 욕구를 채워 주는 존재이기 때문'인지 검증하는 실험을 실시했다.

할로는 태어난 지 얼마 되지 않은 새끼 붉은털원숭이[5]를 어미에게서 떼어내 인형 '대리 어미' 곁에 뒀다. 대리 어미는 두 종류가 있었는데, 하나는 천으로 만든 어미이고 다른 하나는 철사로 만든 어미였다. 그중 철사 어미에는 우유를 공급할 수 있도록 우유병을 부착했다. 즉, 천으로 만들어져서 따뜻하고 부드럽지만 젖을 주지 않는 어미와 철사로 만들어져서 딱딱하지만 젖을 주는 어미인 것이다.

새끼 붉은털원숭이는 두 대리모 중 어느 쪽을 선택했을까?

실험 결과, 새끼 붉은털원숭이는 천으로 만든 어미를 선택했다. 아기에게는 단순히 주린 배를 채워 주는 존재보다 안길 수 있어서 안심감을 주는 존재가 더 중요함이 밝혀진 것이다.

그런데 이 실험에는 후일담이 있다. 할로는 새끼 붉은털원숭

어구 해설 ✏

4) **해리 할로 •** 미국의 동물 심리학자. 위스콘신 대학교 교수. 학습과 동기 부여 연구. 특히 영장류의 심리학 연구로 유명하다. 1905~1981년.

5) **붉은털원숭이 •** 영장목 긴꼬리원숭이과. 잡식성으로 과일이나 나무의 싹, 도마뱀, 곤충류 등을 먹는다. 원숭이 중에서 의학 실험 등에 가장 많은 공헌을 하는 종류다.

이가 천으로 만든 대리 어미에게서 정상적인 애착[6]과 성장을 얻을 수 있으리라고 생각했다. 그러나 실제로는 성장하면서 자신을 상처 입히거나 동료와 어울리지 못하는 등 여러 가지 문제를 일으켰다.

그 후 할로는 정상적인 성장을 위해서는 무엇이 필요한지 실험했는데, 안아서 흔들어 주거나 같은 또래의 동료와 놀게 하면 정상적인 원숭이로 자란다는 것을 알게 되었다. 이 일화는 애정과 성장의 인과관계에 관해 단일한 관점이 아니라 복합적인 관점에서 바라볼 필요가 있음을 말해 준다.

또한 할로의 실험에 대해서는 붉은털원숭이에게 가혹한 짓을 했다는 비판도 컸다. 동물 보호라는 관점에서 보면 오늘날에는 절대 할 수 없는 실험일 것이다.

애착 실험의 결말

철사 인형 어미   천 인형 어미

그러나

젖을 주지 않더라도 보드랍고
안심감이 있는 인형을 선택한다

성장해도 무리와 어울리지 못한다
▶ 정상적인 성장을 위해서는 애정이 필요!

어구 해설 ✎

6) **애착 •** 친숙해져서 마음이 끌리는 것. 유아가 울고, 웃고, 뒤를 따라오는 등의 행동에 양육자가 적절한 응답을 거듭함으로써 애착이 형성된다고 해석했다.

우리는 왜 '그만두지 못하는' 것일까? — '북극곰 실험'

'휴일인데도 업무가 신경 쓰여서 계속 그 생각만 하다 휴일을 망쳐 버렸다.', '연인과 헤어진 뒤 그녀를 잊으려 했지만, 그럴수록 더 생각이 났다.' 등, 그만두려고 함에도 그만두지 못한 경험은 누구에게나 있기 마련이다.

러시아의 소설가의 레프 톨스토이[7]도 어렸을 때 형에게서 "북극곰에 대해 생각하지 않게 될 때까지 방구석에 앉아 있어."라는 명령을 받았는데 북극곰에 대한 생각이 도저히 머릿속에서 사라지지 않았다는 이야기를 한 바 있다.

미국의 심리학자인 대니얼 웨그너[8]는 이 일화에서 착안해 '북극곰 실험'을 실시했다.

"북극곰에 관해서는 생각하지 마."가 어떤 의미에서 무의미한 이유

실험에서는 참가자를 A, B, C의 세 그룹으로 나누고 북극곰의 하루를 추적한 영상을 보여준 뒤 각 그룹에 다음과 같이 지시했다.

A그룹: 북극곰에 관해 기억해 놓으시오.

어구 해설 ✐

7) **레프 톨스토이** • 제정 러시아의 소설가이자 사상가. 《전쟁과 평화》, 《안나 카레니나》 등 수많은 작품을 남겼다. 1828~1910년.
8) **대니얼 웨그너** • 미국의 사회 심리학자. 하버드 대학교 교수도 역임했다. 1948~2013년.

B그룹: 북극곰에 관해 생각하든 생각하지 않든 마음대로 하시오.

C그룹: 북극곰에 관해서만은 절대 생각하지 마시오.

그리고 얼마 후 각 그룹에 북극곰의 영상에 관해 질문했는데, 북극곰의 영상을 가장 잘 기억한 그룹은 C였다.

이 실험은 '금지9)당하면 오히려 반대로 행동하고 싶어진다.'는 사실을 보여준다.

생각하지 않는 것은 생각하는 것? — '사고 억제의 역설적 효과'

인간의 사고 과정을 실행과 감시로 나눠서 생각하면, '생각하

어구 해설 ✐

9) **금지 •** 어떤 행위를 못하게 하는 것. 금지당할수록 더 하고 싶어지는 것을 심리학 용어로 '심리적 반발'이라고 한다(120페이지 참조).

지 않는다.'라는 명령을 실행하기 위해서는 '생각하는 것'을 기억해 놓을(감시해 둘) 필요가 있다.

이것을 '사고 억제의 역설적 효과[10]'라고 한다. 대표적인 예로는 '담배를 끊으려고 생각하자 담배 생각을 더 하게 되어서 그 결과 담배를 피우고 싶어지는' 것 등을 들 수 있다.

어구 해설 🖉

---

10) **사고 억제의 역설적 효과** · '무엇인가를 생각하지 않으려고 할수록 그 생각이 머릿속에서 떠나지 않게 된다.'라는 현상을 설명하는 이론.

DAY 7

30일 만에 배우는
심리학 수첩

유명한 실험을 통해서
배우는 심리학 ③

간단 요약

세상을 놀라게 한 실험이
치료 자세의 개선을 이끌었다

'복종'과 '잔혹성'을 연구한 스탠리 밀그램

미국의 사회 심리학자인 스탠리 밀그램[1]은 1960년대에 실시한 전기 충격 실험[2]을 통해 사람들의 마음속에 있는 '복종[3]'에 관해 연구했다. 이 실험은 '인간은 권위를 가진 사람에게서 명령과 압력을 받으면 보통은 하지 않을 잔혹한 행위도 실행하게 된다.'는 사실을 밝혀냈다. 인간의 마음속 깊은 곳에 잠들어 있는

어구 해설 ✎

1) **스탠리 밀그램** • 미국의 심리학자. 권위에 대한 복종과 관련된 연구나 작은 세상 현상에 관한 개념으로 유명하다. 1933~1984년.

2) **전기 충격 실험** • 밀그램이 실시한 실험. 실험 전에는 300볼트 이상의 전기 충격을 가하는 피험자가 3퍼센트 이하일 것으로 예상했지만, 실제로는 거의 전원이 눌렀다.

3) **복종** • 권력, 권위를 가진 인물에게서 받은 명령 또는 지시에 따르는 것. 자신의 생각에 반하는 행동을 강제로 하게 되는 경우도 있다. 전쟁이나 내란에서는 복종에 따른 살육도 일어난다.

무서운 본질을 백일하에 드러낸 이 연구는 수많은 논쟁과 비판에 휩싸였다. 그러나 현재는 제2차 세계 대전 당시 나치스[4]가 실행했던 잔혹한 정책을 심리학의 관점에서 분석한 중요한 연구로 인지되고 있으며, 여전히 다양한 논의가 진행되고 있다.

밀그램의 전기 충격 실험

이 실험은 40명의 남성 피험자를 대상으로 실시되었다. 실험 내용은 피험자를 한 명씩 실험실에 들여보내서 문제를 내게 하고, 옆방에 있는 사람(회답자)이 그 문제를 맞히는 것이었다. 이때 위압적인 권위자가 피험자에게 미리 보수를 지급한 상태에서 실험을 시작했다.

실험실에는 전기 충격을 가하는 발전기가 설치되어 있었다. 그리고 권위자는 피험자에게 그 발전기는 회답자에게 연결되어 있으며 전압을 서서히 높일 수 있다고 말하고, 문제를 틀릴 때마다 전압을 높이라고 지시했다. 사실 그 발전기는 미량의 전기만을 발생시키도록 만들어져 있었으며, 회답자는 전기 충격에 고통스러워하는 연기를 하도록 훈련받은 이른바 바람잡이였다.

실험이 시작되자 피험자들은 예상 밖의 행동을 했다. 모든 피험자가 회답자가 문제를 맞히지 못하자 강한 전기 충격을 가한

어구 해설 ✏️

4) **나치스** • 독일의 정당이었던 '국가사회주의 독일 노동자당'의 약칭. 히틀러를 당수로 1933년에 정권을 장악하고 유대인 박해 등 잔혹한 정책을 실시했지만, 제2차 세계 대전에서 패했다.

것이다. 옆방에서 회답자가 전기 충격에 고통스러워하는 목소리(물론 연기다)가 들리는데도 말이다. 또한 피험자의 35퍼센트는 문제 출제가 진행됨에 따라 위험 수위까지 전기 충격을 가했지만 그 이상은 거부했는데, 65퍼센트는 전압을 높이라는 명령을 받자 그 명령에 따라서 최대치까지 전압을 높였다. 회답자가 벽을 두들기며 괴로워하는 연기를 실감 나게 했음에도 그들은 전압을 최고 수준까지 높인 전기 충격 스위치를 눌렀던 것이다.

이 실험 후, 밀그램은 양심을 지닌 인간이라 할지라도 권위자의 압박에 따라서는 잔혹한 행위를 저지를 가능성이 있으며, 여기에서 생겨나는 갈등은 마음에 커다란 중압감을 가져온다고 말했다.

전기 충격 실험

권위자의 압박 속에서 피험자는 회답자가 답을 틀리면 전기 충격을 가하도록 지시받는다

Shock!

ON!

| 권위자 | 피험자 | 회답자 |

▶ 피험자의 65퍼센트가 최대치까지 전압을 올렸다

환자인 척하고 병원에 잠입한 실험에서 밝혀진 것은······?

심리학 연구자들을 놀라게 한 실험을 또 한 가지 소개하겠다.

미국의 심리학자인 데이비드 로젠한[5]은 1973년에 정신과 의사와 관련된 센세이셔널[6]한 실험을 실시했다. 이 실험은 건강한 사람 8명이 환자인 척하고 정신과를 찾아가서 의사에게 "머릿속에서 누군가가 말을 거는 목소리가 들립니다."라고 정신적인 불안정을 호소하는 것으로 시작되었다. 실제로는 정신적인 증상도 신체적인 증상도 없었지만, 거짓 증상을 의사에게 호소한 결과 정신 질환이 있는 환자로서 입원하게 되었다.

가짜 환자가 된 8명의 입원 기간은 평균 19일이었으며, 입원 중에는 모두 건강한 사람으로 행동했다. 그들은 매일 보고서를 작성했는데, 의사도 그 모습을 봤지만 무엇을 쓰고 있는지 확인하는 일은 없었다고 한다. 그러나 퇴원 후 밝혀진 의사의 진료 기록에는 "환자는 서기(書記) 행동[7]에 종사하고 있다."라는 기술이 있었다. 요컨대 가짜 환자가 했던 건강한 사람으로서의 정상적인 행동도 정신 질환 증상의 일부로 간주되는 경우가 있음이 밝혀진 것이다. 흥미로운 점은 퇴원하기 전까지 가짜 환자의 거짓말이 병원 측에 들통나지 않았다는 사실인데, 놀랍게도 주위의 입원 환자 중에는 가짜 환자가 사실 정상인임을 알아챈 사람도 있었다고 한다.

어구 해설 🖉

5) **데이비드 로젠한** • 미국의 심리학자. 정신 의학적 진단의 유효성에 관해 탐구한 그의 실험은 정신 의학계에 커다란 파문을 일으켰다. 1929~2012년.

6) **센세이셔널** • 많은 사람의 흥미 또는 관심을 불러일으키거나 세상을 놀라게 하는 것.

7) **서기(書記) 행동** • 간호사 중 한 명이 매일 "무엇인가를 적는 흉내에 몰두하고 있다."라고 기록한 것이 발견되었다. 이 행동을 정신분열증의 증상으로 간주했던 것이다.

정신과 의사는 건강한 사람과 환자의 차이를 명확히 구별할 수 있을까?

로젠한이 정신과 병동에 보낸 가짜 환자의 보고서를 통해, 입원 중에 의사나 의료 스태프와 접촉[8]한 시간은 하루 중 7분 이하였다는 사실도 밝혀졌다. 또한 인간으로 취급받지 못해 정신이 피폐[9]해지는 상황도 보고되었다.

이 실험에서 로젠한이 검증하고자 했던 것은 정신과 의사들이 환자의 증상에서 병을 정확히 진단할 수 있느냐, 진단할 수 있다면 건강한 사람과 환자를 얼마나 명확하게 구별할 수 있느냐는 것이었다.

▶ 환자들에게 정말로 정신 질환이 있는지 없는지 구별하기는 어렵다

어구 해설 ✍

8) **접촉** • 가짜 환자들은 입원 후에 정상적으로 행동하고 증상도 나타나지 않았다고 말했지만, 퇴원은 허락되지 않았다.

9) **피폐** • 개인 물건을 검사받고 화장실을 이용할 때 감시를 받는 등 사생활 침해라고 생각할 수도 있는 행위가 있었던 것으로 여겨진다.

환자 중에서 가짜를 찾아낼 수는 있을까?

로젠한은 또 다른 실험도 실시했다. 앞에서 실시했던 실험의 무대가 되었던 병원의 의사와 의료 스태프에게 실험을 실시했음을 밝힌 다음, "앞으로 3개월 사이에 가짜 환자 몇 명이 진단을 받으러 올 것"이라고 전했다. 그리고 가짜 환자로 생각되는 의심쩍은 사람이 몇 명이나 있었는지 세어 달라고 요청한 것이다. 사실은 이것도 새빨간 거짓말로, 실제로는 가짜 환자를 한 명도 보내지 않았다. 즉, 그 기간 동안 병원을 찾아온 사람들은 모두 정신 질환이 있는 새로운 환자였던 것이다.

그렇다면 의사들은 새로운 환자 중 어느 정도가 가짜 환자라고 생각했을까? 새로운 환자의 수는 모두 합쳐 193명이었는데, 병원 스태프가 '이 사람은 가짜 환자가 아닐까?'라고 생각한 환자는 41명이었고 의사가 '가짜 환자일지도 몰라.'라고 생각한 환자는 23명이었다. 그러나 앞에서 이야기했듯이 가짜 환자는 사실 한 명도 없었다.

이 두 가지 실험을 통해 로젠한은 정신과 병원의 경우 누가 건강하고 누가 이상이 있는지 구별하기가 매우 어렵다는 결론을 내렸다. 이 실험은 커다란 논쟁[10]을 불러일으켰고, 많은 정신과 병원이 환자에 대한 대응을 일신하는 결과로도 이어졌다.

어구 해설 ✎

---

10) **논쟁** • 정신 의학의 과제를 제시했지만, 한편으로 이 실험 자체가 표면적인 것에 불과하다는 목소리도 있었다.

1

혈액형 성격론을 무의식중에 믿게 되는 이유

A형은 성실, B형은 자유인, O형은 천하태평, AB형은 개성적……

이와 같은 혈액형 성격론에 과학적 근거가 전혀 없다는 것은 이제 모두가 알고 있는 사실이다. 그런데 과학적 근거가 없음을 알면서도 어째서인지 잘 들어맞는 것처럼 느껴진 적이 있지는 않은가? 사실은 이것도 심리학으로 설명이 가능하다.

첫째는 '자기실현적 예언'이다. 이것은 혈액형 성격론을 접하고 '나는 이런 성격이구나.'라고 생각하게 됨으로써 무의식중에 그렇게 행동하는 현상을 가리킨다. 자신도 모르는 사이에 혈액형 성격론에 나와 있는 내용대로 행동함으로써 성격론이 옳다는 착각에 빠지는 것이다.

둘째는 '바넘 효과'다. 이것은 혈액형 성격론이나 심리 게

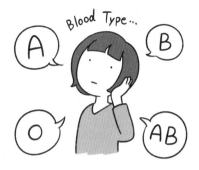

임의 결과가 사실은 누구에게나 적용 가능한 두루뭉술한 표현에 불과한데도 당사자는 '딱 내 이야기네!'라고 생각하게 되는 현상이다. 이 두 가지 심리적 작용 때문에 사람은 혈액형 성격론이 정확하다고 믿게 되는 것이다.

이 두 가지 심리적 작용 때문에 사람은 혈액형 성격론이 정확하다고 믿게 되는 것이다.

성격은 눈에 보이지 않기 때문에 혈액형 성격론을 믿거나 의지하는 경우도 있을 것이다. 그러나 지나치게 믿으면 혈액형을 근거로 상대방에 대한 편견을 가질 수 있다. 실제로 혈액형 성격론이 유행했던 2000년대에는 '괴짜', '제멋대로인 성격'이라는 B형, AB형의 아이들에 대한 집단 괴롭힘 문제도 일어났었다고 한다. 혈액형 성격론에 과학적 근거가 없음을 명확히 인식하고 재미의 차원에서만 즐기는 자세가 가장 바람직할 것이다.

인간관계를 원활히
하기 위한 심리학

간단 요약

첫 대면에서는 '첫인상', 관계를 쌓은
뒤에는 '거리감'을 중시한다

먼저 좋은 인상을 남겨서 상대방의 마음속에 좋은 이미지를 만든다

비즈니스에서든 사생활에서든 인간관계는 좋은 편이 무조건 좋다. 첫 대면에서 타인에게 좋은 인상을 주려면 어떻게 해야 할까?

미국의 심리학자인 솔로몬 애쉬가 실시한 실험에 따르면, 가공의 인물에 관해 '지적', '근면', '충동적', '비판력이 있다.', '완고', '질투심이 강하다.'라의 순서로 설명하자 피실험자들은 그 인물을 '결점도 있지만 유능한 인물'로 평가했다. 그런데 반대의 순서로 설명하자 피실험자들은 '결점이 많아서 유능하다고는 말할 수 없는 사람'으로 평가했다고 한다.

그 사람에 대해 처음 느낀 인상이 전체에 영향을 끼친다는 이 심리 효과를 초두 효과[1]라고 부른다.

일본인은 겸손을 미덕으로 여기는 경향이 있지만, 초두 효과를 생각하면 먼저 어필 포인트를 상대방에게 전해 호의적인 첫인상을 남기는 것이 가장 중요하다. 첫 대면에서 좋은 인상을 남기면 그 뒤에는 확증 편향[2]을 통해 그 인상이 계속 유지되어서 이후의 인간관계도 양호해질 것이다.

무엇이든 어필 포인트를 하나만 확보해도 강점이 된다

한편, 외모에 자신이 없으면 첫 대면에서 주눅이 들어 좀처럼 어필을 하지 못하는 사람도 많다. 스테레오타입[3]의 관점에서 생각하면 사람들은 일단 외모가 단정한 사람에게 매력을 느끼므로 그런 심리도 이해는 간다. 그런 경우에는 한 가지 장점이 전체의 인상에 영향을 끼치는 후광 효과[4]를 이용하는 방법도 있다.

사람은 상대방에 대한 평가를 일관적으로 유지하고자 하는

어구 해설 🖊

[1] **초두 효과 •** 같은 내용이라도 긍정적인 설명을 먼저 하면 좋은 인상을 줄 수 있다는 것.
[2] **확증 편향 •** 자신에게 유리한 정보만을 모으는 작용을 의미한다. 사람은 자신의 생각을 부정하는 정보는 무의식중에 경시·무시하는 경향이 있다.
[3] **스테레오타입 •** 사회에 널리 침투한 고정적인 관념이나 이미지. '혈액형이 A형인 사람은 꼼꼼하다.' 나 '일본인은 애니메이션을 좋아한다.' 등이 그 예다.
[4] **후광 효과 •** 대상물에 대해서 느낀 어떤 현저한 특징이 대상물의 전체적인 인상을 왜곡시키는 심리 현상. 영어로는 'Halo Effect'라고 한다.

경향이 있다. 그러므로 '학력(學歷)', '특기', '연수입', '가문' 등 외견적인 단점을 불식할 수 있는 한 가지 장점을 전하면 자신에 대한 인상을 충분히 좋게 만들 수 있다.

먼저, 무엇이든 좋으니 자신의 장점을 꼽아 보자. 겸손을 떨거나 자신을 비하하지 말고 자신의 경력이나 가진 것을 수평적으로 생각해 보면 될 것이다.

상대방의 겉모습이나 직함 속에 숨겨진 본질을 꿰뚫어 본다

반대로 자신이 상대방을 오인함으로써 관계가 삐걱대는 경우도 있다. 상대방에게 의사나 변호사 같은 직함 또는 뛰어난 용모 같은 두드러진 특징이 있으면 훌륭한 인격자라고 생각하거나 본래보다 높은 평가를 하는 경우가 있는데, 이것도 앞에서 이야기한 후광 효과이다.

현저하게 두드러지는 특징은 다른 특징이나 요소에 관한 평가를 왜곡하는 등 영향을 끼칠 때가 있다. 혹시 상대방의 직함에 현혹되어서 과도한 기대를 품고 있지는 않은가? 그런 착각이 관계를 악화시킬지도 모른다. 상대방이 좋은 조건을 갖춘 사람일수록 편향5)을 걷어내고 본질을 꿰뚫어 볼 필요가 있는 것이다.

어구 해설 ✐

---

5) **편향** • 사람이 품는 선입견이나 편견. '이것은 무조건 이래.', '반드시 이럴 거야.'라는 믿음을 가리킨다.

거북한 사람에게는 의식적으로 호의를 품고 말을 걸자

첫 대면의 대화를 거쳐서 나름대로 관계가 형성되면 '이 사람은 왠지 상대하기가 거북하네.'라고 깨닫는 경우도 있을 것이다. 사람에게는 저마다 개성이 있기 때문에 '잘 대처하기 힘든 상대 =거북한 상대'가 일정 비율 존재하는 것은 어쩔 수 없는 일이다. 그러나 사회생활이라는 측면에서 생각하면 거북함을 줄이고 양호한 관계를 구축하는 편이 더 이롭다. 그러려면 어떻게 해야 할까?

그 첫걸음은 대화다. 먼저 "안녕하세요."나 "고맙습니다." 등 일상적인 인사부터 시작해 상대방에게 호의를 품고 있음을 보여줘야 한다. 다음에는 상대방에게 감사나 칭찬의 말을 하면서 긍정적인 커뮤니케이션을 꾀한다. 그러면 호의를 느낀 상대방은 '나도 돌려줘야 해.'라는 심리에서 호의를 돌려준다. 심리학에서는 이것을 '호의의 보답성[6]'이라고 부른다.

애초에 상대방을 거북하게 생각하는 것은 첫인상에서 품은 나쁜 이미지가 확증 편향을 통해서 고정되고, 시간이 갈수록 그것이 예측의 자기실현[7]을 통해서 강화되어 버리기 때문이다.

그러니 상대방에게 품고 있는 거북한 이미지를 일단 내려놓아

어구 해설 ✎

6) **호의의 보답성** • 상대방이 자신에게 긍정적인 행위를 보여주면 자신도 역시 긍정적인 행위를 돌려줘야 한다고 생각하는 심리적 작용.

7) **예측의 자기실현** • 첫인상으로 느낀 이미지를 옳다고 인식하고, 이후에도 확증 편향을 통해 그 이미지가 옳았다고 실감하거나 수긍하는 것.

보자. 먼저 표면적으로나마 상대방에게 호의를 품고 대하면 서로의 불만이 해소되어 관계를 개선할 수 있을 것이다.

'호의의 보답성'이란?

나한테 호의를 보였어

나도 호의에 보답해야지

상대방에게 긍정적인 태도로 말을 걸면……

상대방은 '받은 호의를 돌려줘야 해.'라고 느껴서 역시 긍정적인 태도를 보이게 된다

막역한 친구 사이라도 적절한 거리감이 양호한 관계를 낳는다

첫 대면에서 거북하게 느낀 상대도 아닌데 이상하게 관계가 삐걱대는 경우 또한 있다. 그럴 때는 상대방과의 퍼스널 스페이스8)를 다시 한 번 생각해 보는 편이 좋다. 일상생활에서 지침이 되는 거리인 가까운 친밀 거리9)와 먼 친밀 거리10)는 크게 네 가지 패턴으로 나눌 수 있다.

어구 해설 ✐

8) **퍼스널 스페이스** • 심리적 영역이라고도 하며, 자신과 상대방의 거리감을 가리킨다. 상대와 어떤 관계인가에 따라 넓어지기도 하고 좁아지기도 한다.
9) **가까운 친밀 거리** • 친한 상대와의 거리감을 가리킨다.
10) **먼 친밀 거리** • 딱히 친하지 않은 상대와의 거리감을 가리킨다.

① 친밀한 사람과의 밀접 거리

　가까운 친밀 거리 (0~15센티미터)=냄새나 체온을 느낀다.

　먼 친밀 거리 (15~45센티미터)=손이 닿는다.

② 상대의 표정을 읽을 수 있는 개인적 거리

　가까운 친밀 거리 (45~75센티미터)=손발을 뻗으면 닿을 수 있다.

　먼 친밀 거리 (75~120센티미터)=양자가 손을 뻗으면 손가락 끝이 닿는다.

③ 비즈니스에 적합한 사회적 거리

　가까운 친밀 거리 (120~210센티미터)=서로 닿거나 미묘한 표정 변화를 읽을 수는 없다.

　먼 친밀 거리 (210~360센티미터)=공적인 대화를 할 때의 테이블 등을 사이에 둔 거리.

④ 개인적인 관계가 희박한 공적 거리

　가까운 친밀 거리(360~750센티미터)=표정 등을 알 수 없으며 인간관계의 성립은 불가능하다.

　먼 친밀 거리(75~120센티미터)=커뮤니케이션을 하려면 손짓 발짓이 필요하다.

　또한 이 거리는 남녀에 따라서도 차이가 있다. 남성의 허용 범위가 더 넓으며, 여성은 허용 범위가 남성보다 좁다. 적절한 거리감을 알면 자신이 상대방의 퍼스널 스페이스를 침범하고 있었음을 깨닫게 될지 모른다. 상대가 불편해 하는 것 같을 때는 먼저 서로의 거리가 적정한지 파악하자. 그러면 커뮤니케이션이 원활해질 가능성이 있다.

거리를 좁히고 싶을 때는 '고슴도치의 딜레마'를 떠올린다

다만, 서로 상대의 퍼스널 스페이스를 침해하고 있지 않은지 조심하기만 한다면 사람과 사람 사이의 거리감은 영원히 줄어들지 않는다. 그럴 때는 '고슴도치의 딜레마[11]'를 떠올리기 바란다.

이 이야기는 사람과 사람의 커뮤니케이션을 상징한다. 친구, 부모 자식, 연인도 생각이 다르면 대립할 때가 있다. 친구, 부모 자식, 연인도 생각이 다르면 대립할 때가 있는데, 대립을 두려워하지 말고 타협점을 모색하며 커뮤니케이션을 할 때 비로소 적절한 관계를 구축할 수 있다. 그리고 이 딜레마에 빠지는 요인 중에는 '선입견'도 있다. '이렇게 말하면 틀림없이 상대방이 기뻐할 거야.', '이걸 말하면 상대방이 날 싫어하겠지.' 같은 선입견이 서로를 상처 입히거나 필요 이상으로 거리를 두는 결과로 이어지는 것이다.

이 '선입견'에 따른 딜레마를 해소하려면 먼저 자신의 생각에

어구 해설 🖉

11) **고슴도치의 딜레마 •** 철학자인 쇼펜하우어가 제시한 우화. 고슴도치들이 추위를 이겨내기 위해 서로 몸을 맞대려 하지만 자신들의 가시 때문에 그러지 못한다. 그래서 너무 멀지도 너무 가깝지도 않은 적당한 거리감을 찾아낸다는 이야기.

편견은 없는지, 상대방의 정보 중 극히 일부분에 영향을 받고 있지는 않은지 등 자신의 심리를 객관적으로 바라보는 것이 열쇠가 된다.

가장 효과적인 방법은 이미 양호한 인간관계를 구축한 사람과의 거리감 또는 대화를 참고하거나 과거의 실패를 되풀이하지 않도록 행동하는 것이다. 선입견을 배려심으로 전환하면 상황은 반드시 호전된다.

DAY 9

이야기를 잘 들어 주는 사람은 흉내 내기도 잘한다

30일 만에 배우는
심리학 수첩

간단 요약

맞장구를 치고 상대의 행동을 따라 하는
것이 커뮤니케이션을 원활히 한다

맞장구와 끄덕임으로 충실한 대화를 꾀한다

부담 없이 말할 수 있는 분위기를 연출하려면 상대방의 이야기를 잘 들어 줘야 한다. "응응.", "그렇구나." 같은 맞장구는 단순하지만 매우 효과적이다. 미국의 심리학자인 조셉 마타라조는 실험을 통해서 이 '끄덕임(경청) 효과[1]'를 실증했다.

그는 20명을 대상으로 면접관이 ① 첫 15분은 평범하게 대응, ② 다음 15분은 의식적으로 고개를 끄덕이며 대응, ③ 마지막

어구 해설 ✎

---

1) **끄덕임(경청) 효과 •** 끄덕임에는 상대방의 이야기를 촉구하는 효과가 있다는 것. 그래서 고개를 끄덕이며 듣고 있는 동안에는 상대도 안심하고 이야기를 계속할 수 있다.

2) **마지막 15분 •** 마지막 15분보다 두 번째 15분에 더 길게 발언함으로써, 단순히 피험자가 분위기에 익숙해져서가 아니라 끄덕임의 효과에 따른 결과임이 증명되었다.

15분[2]은 고개를 끄덕이지 않고 대응하는 면접을 실시했다.

그 결과, 20명 중 17명이 ②의 시간대에 가장 길게 발언을 했다. 끄덕임과 맞장구는 '당신의 이야기를 충분히 이해합니다=승인', '좀 더 이야기해 주십시오=허가'라는 동조와 찬동을 나타낸다. 요컨대 좋은 인간관계를 쌓으면서 대화하고 싶다면 끄덕임과 맞장구를 의식하는 것이 좋다.

맞장구의 중요성

허가　승인

이야기할 마음

응응　그래서?　굉장하네!
우와~!　뭐!?
그렇구나

▶ 승인·허가를 얻었다고 느껴서 이야기할 마음이 커진다

흉내 내기만 해도 상대에게 호감을 산다

미러링[3]도 맞장구나 끄덕임과 같은 수준의 효과가 있다.

인간은 자신과 비슷한 사람이나 같은 행동을 하는 사람에게 호의를 품는 경향이 있다. 다만, 이때 주의할 점이 있다. 신뢰할 수 있는 상대라면 거동을 그대로 흉내 냄으로써 친근감을 더욱

어구 해설 ✐

3)　**미러링** • 친밀한 사이의 사람들 사이에서 일어나는 행동이나 몸짓이 동조하는 현상.

높일 수 있지만, 잘 모르는 상대라면 일단 유심히 관찰한 다음 상대방이 '내 흉내를 내는구나.'라고 생각하지 않도록 자연스럽게 비슷한 행동을 하는 것이 실패를 방지하는 비결이다. 구체적인 수법을 살펴보자.

신뢰도에 맞춰서 실천하는 미러링

▶ 신뢰 관계가 있을 경우=미러링

이미 확고한 신뢰가 있는 경우는 상대방이 커피를 마시면 같은 동작으로 커피를 마시고, 상대가 팔짱을 끼거나 다리를 꼬면 역시 팔짱을 끼거나 다리를 꼬는 등 행동을 그대로 흉내 내기만 해도 상대방이 더욱 친근감을 느끼기 때문에 친밀도가 높아진다.

▶ 신뢰 관계가 없을 경우=크로스오버⁴⁾ 미러링

단순한 미러링은 상대방이 눈치를 채며 불쾌감을 느끼게 된다. 그러므로 상대방이 커피잔을 들어 올리면 반대쪽 손을 턱에 대고, 상대방이 다리를 꼬면 발목만 교차시키는 정도로 가볍게 꼬는 등 어디까지나 자연스럽게 미러링을 실천하는 것이 중요하다.

▶ 발전=매칭

미러링을 한 단계 더 발전시켜서 친밀감을 더욱 높이는 테크닉. 상대방을 냉정하게 관찰한 다음 그저 행동을 흉내 내는 것

어구 해설 ✐

---

4) **크로스오버** • 다른 분야의 것을 조합해서 새로운 것을 만드는 일.

이 아니라 그 타이밍이나 호흡까지 맞추는 등, 더욱 고도의 동조 스킬이 요구된다.

비즈니스에서는 일단 긍정한 다음 부정하는 것이 효과적이다

상대방의 동작을 흉내 낼 수는 있지만 이야기의 내용에 전적으로 찬동하기는 어려운 경우가 있다. 그러나 모두가 알다시피 이때 정면으로 부정하는 것은 좋지 못한 결과를 낳을 수도 있다. 이때는 일단 상대방의 의견을 듣고 긍정한 다음 자신의 생각을 말하면 상대방의 기분을 상하게 할 위험성이 줄어든다.

이렇게 상대방의 의견을 긍정한 다음 "그렇기는 하지만", "그런데"로 이어 나가면서 자신의 의견을 주장하는 수법을 심리학에서는 '예스 벗 화법[5]'이라고 부른다. 또한 상대방의 의견을 긍정한 다음 "그렇다면", "그러면"이라고 이어 나가면서 자신의 의견을 제시하는 수법을 '예스 앤드 화법[6]'이라고 부른다.

의식적으로 자세 반향을 일으켜 보는 것도 방법이다

미러링이 상대방을 의식하면서 행동하는 데 비해, '자세 반향'은 자세나 동작이 서로에게 영향을 끼쳐서 쌍방이 같은 자세나

어구 해설 🖉

[5] **예스 벗 화법** • "네, 하지만……."이라고 말함으로써 일단은 상대의 의견을 긍정하고 받아들인 다음 자신의 의견이나 제안을 말하는 화법.

[6] **예스 앤드 화법** • "네, 그리고……."라고 말함으로써 상대방을 긍정한 다음 이어서 의견을 말하는 화법. 반대되는 의견을 제안하더라도 "그리고"로 연결한다.

동작을 반복하는 것이다. 가령 친한 사람끼리는 같은 타이밍에 음료를 마시거나 다리를 꼬거나 머리카락을 쓸어 올리는 경우가 종종 있다.

당연한 말이지만 상대방과 그다지 친하지 않거나 긴장하고 있을 때는 자세 반향이 거의 일어나지 않는데, 그럴 때는 '의식적으로 자세 반향을 일으키기'를 시도해 보기 바란다. "맛있나요?", "맛있어요!"와 같은 식으로 같은 말을 되뇌거나 상대방의 템포에 맞춰서 이야기하거나 비슷한 목소리 톤으로 말해 보는 등, 의식적으로 자세 반향을 일으키면 어색했던 분위기가 풀어져서 말하기가 편해진다.

대화나 교섭은 맛있는 음식을 먹으면서 하는 것이 가장 좋다

또한 상대와 친해지거나 교섭을 성공시키고 싶을 때는 장소의 선택도 중요해진다.

미국의 심리학자인 어빙 재니스[7]는 대학생 216명을 대상으로 런천 테크닉[8]에 관한 실증 실험[9]을 실시했다. 이 실험에서는 대학생들을 두 그룹으로 나눠서 각기 다른 4가지 주제의 설

어구 해설 ✐

7) **어빙 재니스** • 미국의 실험 심리학자. 인간이 집단화되었을 때의 의사 결정에 관한 연구로 유명하다. 1918~1990년.

8) **런천 테크닉** • 심리학자인 그레고리 라즈란이 제창한. 사람은 맛있는 음식이나 좋아하는 음식을 먹고 있을 때의 대화 상대에게 긍정적인 인상을 받기 쉽다는 심리적 작용.

9) **실증 실험** • 인증된 사안을 실제 상황에 도입해 받아들여지는지 아닌지 검증하는 것.

명문을 읽게 했는데, 한 그룹에는 커피와 땅콩을 먹고 마시면서 읽게 하고 다른 한 그룹에는 아무것도 먹지 않으면서 읽게 했다. 그러자 커피와 땅콩을 먹고 마시면서 읽은 학생들이 설명문의 내용을 더 잘 받아들이며 그 주장에 자신의 의견을 동조시킨다는 결과가 나왔다.

요컨대 사람은 음식을 먹고 마실 때 더 상대의 설득을 잘 받아들인다는 것이다. 이 실험처럼 제대로 된 식사가 아니더라도 심심한 입을 달래 줄 수 있는 것이라면 같은 효과가 있음이 확인되었다.

맛있는 음식을 대접하면 좋은 인상을 줄 수 있다

행복감

상대방에 대한 인상이 좋아진다

맛있는 음식에 대한 긍정적인 ▶ 감정의 영향으로 상대방에 대한 인상도 좋아진다

심심한 입을 달래 주기만 해도 대화를 원활하게 진행할 수 있다

이 심리적 작용은 본래 1930년대에 미국의 심리학자인 그레고리 라즈란이 발견한 것이다. 그가 제창한 뒤로 비즈니스의 세계

에서는 물론이고 정치의 세계에서도 회식 자리에서 중요한 교섭이나 회의를 하는 일이 많아졌다.

이 테크닉을 최대한으로 활용하는 포인트는 타이밍이다. 예를 들어 요리나 음료가 맛있다고 느꼈을 때처럼 상대방이 '쾌감'에 빠져 있는 동안 가장 중요한 내용을 꺼내면 받아들여질 가능성이 높다.

또한 친해지고 싶을 때나 관심이 가는 사람과 거리를 좁히고 싶을 때도 강력한 도우미가 되어 줄 것이다. 관심이 있는 상대방의 주의를 끌고 싶다면 먼저 점심 식사나 저녁 식사 약속을 잡자. 성공률을 높이려면 미리 상대방의 취향을 조사해 놓고 맛있는 음식, 상대방이 좋아하는 음식을 먹을 수 있는 곳을 예약해 놓는 것이 좋다. 만에 하나 상대방이 싫어하는 요리를 대접했다가는 역효과를 부를 수 있기 때문이다.

SNS에서 감정적으로 되는 것은 '사람'을 인지하지 못하기 때문

간단 요약

모습은 보이지 않지만 상대방이 있다는 사실을 잊지 말자

문장을 통해 정보를 교환할 때는 선입견에 주의한다

인터넷의 보급은 사람이 익명으로 행동할 수 있는 범위를 크게 넓혔다. SNS[1]와 메신저는 이제 없어서는 안 될 정보 교환 도구가 되었는데, 반면에 오해를 부르거나 감정적인 논쟁이 격화된 끝에 사고로 발전하기도 하는 문제점 또한 낳았다.

얼굴을 마주하고 대화할 때, 사람은 이야기의 내용에 따라 미간을 찌푸리거나 목소리를 높이는 등 자연스럽게 비언어적 커뮤

어구 해설 ✎

1) **SNS** • 소셜 네트워킹 서비스의 약자. 페이스북이나 트위터 등 사람과 사람의 사회적 유대를 구축할 수 있는 컴퓨터 또는 스마트폰 서비스.

니케이션[2]을 한다. 그러나 인터넷에서는 얼굴을 마주하지 않으면 알 수 없는 이런 정보가 전해지지 않는다. 반대로 한정된 정보에 근거해 상대방의 상황을 추측하려다 무의식중에 잘못된 정보를 만들어내는 경우도 있다. 심리학에서는 이것을 '망상성 인지[3]'라고 부르는데, 메신저로 의견을 주고받는 사이에 오해가 오해를 부르고 잘못된 선입견이 강화되는 일도 결코 드물지 않다.

대면과 SNS의 차이

▶ 얼굴을 마주하고 대화할 경우는
상대방의 몸짓이나 표정에서
말의 뉘앙스를 읽어낼 수 있다

▶ SNS의 경우는 같은 말이라도
뉘앙스가 제대로 전해지지 않아
잘못 받아들여지기 쉽다

문자를 보낼 때는 내용뿐만 아니라 보내는 타이밍에도 요주의

우리는 친구나 지인, 혹은 업무 관계자와 하루에도 몇 번씩

어구 해설 ✎

2) **비언어적 커뮤니케이션** • 언어를 사용하지 않는 커뮤니케이션. 몸짓이나 행동, 표정이나 얼굴빛, 시선 등 언어를 사용하지 않고도 상대방에게 자신의 감정을 전할 수 있는 것을 총칭해서 비언어적 커뮤니케이션이라고 한다.

3) **망상성 인지** • 잘못된 정보를 상상해서 만들어내고 그것을 진실로 인지해 버리는 것.

메신저로 문자를 주고받으며 살고 있다. 이처럼 메신저는 오늘날 중요한 커뮤니케이션 도구가 되었지만, 자칫하면 상대방에게 오해와 상처를 주는 무기로 돌변하기도 한다. 그러므로 내용이나 답장의 타이밍 등을 충분히 배려하면서 문자를 보내는 것이 최소한의 매너라고 할 수 있다.

익명성은 인간의 공격성을 증가시킨다

안타깝게도 최근 들어서 익명성을 이용해 인터넷에서 개인을 중상 비방하거나 혐오 발언[4]을 하는 등 공격적인 언동을 반복하는 사람이 증가하고 있다. 2020년에는 아이돌 출신의 여성에 대해 인터넷에서 집요하게 중상 비방을 반복한 일반인이 검찰에 송치된 사건[5]이 있었다. 피고인은 극히 평범한 주부로, "다른 사람들도 다 하니까 들키지 않을 줄 알았다."라는 진술을 했다고 한다. 왜 사람은 익명이 되는 순간 타인을 공격하기를 주저하지 않게 되는 것일까?

스탠퍼드 대학교의 심리학자인 필립 짐바르도[6]는 익명성이 만들어내는 공격성을 검증하고자 어떤 실험을 실시했다. 그는

어구 해설 ✐

4) **혐오 발언** • 인종이나 사상, 성별 등에 대해 개인이나 집단을 중상 비방, 차별하는 발언. 익명화된 인터넷을 통해 움직임이 가속화되었다.

5) **검찰에 송치된 사건** • 인터넷 게시판에서 악의적인 비방을 해서 명예 훼손 혐의로 검찰에 송치된 사건. 연예인을 대상으로 횡행하던 중상 비방 행위에 경종을 울린 사건이었다.

6) **필립 짐바르도** • 미국의 심리학자. 스탠퍼드 대학교의 명예 교수이며, 세상에 충격을 불러 온 '감옥 실험'으로 유명하다. 1933년~.

먼저 여학생을 모은 다음 두 그룹으로 나눴다. 눈과 입에만 작은 구멍이 뚫린 실험복을 입어서 누가 누군지 알 수 없는 A그룹과, 얼굴을 가리지 않고 명찰을 달아서 이름을 알 수 있는 B그룹이다.

자신의 얼굴이 감춰져 있으면 타인을 상처 입히는 것에 대한 망설임이 약해진다

짐바르도는 먼저 각각의 그룹에 ① 활달하고 좋은 인상을 주는 여성과 실험자의 면접을 녹음한 것, ② 자기중심적이고 불쾌한 인상을 주는 여성과 실험자의 면접을 녹음한 것을 들려줬다. 그리고 이쪽에서는 상대방이 보이지만 상대방에게는 이쪽이 보이지 않는 매직미러의 건너편에 있는 ①과 ②의 여성에게 전기 충격을 가하는 실험을 실시한다고 알렸다.

그런 다음 A·B그룹의 여학생과 ①·②의 여성을 각각 방에 들여보내고, A와 B에게 램프에 불이 들어오면 종료 신호가 있을 때까지 전기 충격을 가하는 버튼을 누르고 있으라고 지시했다. 또한 전기 충격을 받는 상대가 ①과 ②라는 점, 전기 충격에 괴로워하는 모습을 보고 불쌍하다는 생각이 든다면 다른 멤버에게 들키지 않고 버튼에서 손을 뗄 수 있음을 전했다.

이상의 조건으로 실험을 실시해 학생들이 전기 충격 버튼을 누른 횟수와 시간을 조사한 결과, A그룹이 B그룹보다 횟수도 많았으며 시간도 길었다. 또한 ②의 여성에게 더 오랫동안 전기 충격을 줬음이 판명되었다(실제로는 버튼을 눌러도 전기가 흐르지 않았으며, 여성은 전기 충격을 받은 연기를 한 것이었다).

전기 충격 실험

① 좋은 인상의 여성과
② 나쁜 인상의 여성에게 전기 충격을 가하도록 피험자에게 알린다

더 오랫동안 전기 충격을 당했다

▶ 익명성이 높은 A그룹이 더 오랫동안 전기 충격을 가했다
▶ 나쁜 인상의 여성에게 더 오랫동안 전기 충격을 가했다

익명성이 가져오는 것은 몰개성의 위험성

필립 짐바르도의 실험은 익명성의 보호로 책임이 분산된 상태에 놓이면 사람은 자기 규제 의식이 저하되어서 보통은 할 생각을 못하는 행위에 대한 심리적인 허들이 낮아지거나 자신의 행동에 대한 책임감이 저하되는 소위 '몰개성화[7]'가 일어남을 실증했다. 그 결과 정서적, 충동적, 비합리적 행동이 나타나고, 평소라면 절대 하지 않을 잔혹·과격한 언동도 스스럼없이 할 수 있게 되는 것이다. 심리학에서는 이런 상태를 '몰개성화 현상'이라고 부른다.

어구 해설 ✎

7) **몰개성화** • 익명화됨으로써 개인으로서의 개성이 희박해져 공격적으로 되는 상태를 가리킨다.

인터넷상에서 타인을 중상 비방하거나 악질적인 글을 쓰는 사람 중 대부분은 사실 지극히 평범한 사람이다. 앞에서 소개한 사건의 가해자처럼 몰개성화로 공격적으로 된 나머지 많은 사람을 상처 입히는 사람도 있다. 본성이 드러나서 사회적 지위를 잃는 경우도 있음을 명심했으면 한다.

감옥 실험의 결말은 예상 밖의 몰개성화

필립 짐바르도는 1971년에 자신이 교편을 잡았던 스탠퍼드 대학교에서 익명성에 관한 심리학 실험을 실시했다. 이것은 매우 충격적인 결말을 불러왔으며, 현재도 그 결말과 진위에 관한 논쟁이 벌어지고 있을 뿐만 아니라 영화로도 제작되는 등 세계적으로 주목받는 실험이 되었다.

훗날 '스탠퍼드 감옥 실험'으로 명명된 이 실험에서는 먼저 대학교의 지하에 모의 교도소를 만들고, 오디션을 통해 건강한 학생 피험자 24명을 선발해서 간수 또는 수감자의 역할을 부여했다. 수감자 역할은 죄수복을 입고 모의 유치장에 수감되었으며, 간수 역할은 선글라스와 간수풍의 옷을 입고 죄수 역할을 감시했다.

이 실험은 본래 2주 동안 실시될 예정이었는데, 시간이 흐르면서 간수 역할과 죄수 역할이 설정의 틀을 벗어나기 시작했다. 간수 역할이 지시를 받은 적이 없음에도 자발적으로 죄수에게 벌칙을 가하고 저항하는 죄수 역할을 감금하는 등 점점 행동이

과격해진 것이다.

　이 실험은 인간은 **권력 구조**[8) 속에서는 너무나도 간단하게 특수한 심리 상태로 이행한다는 결과를 이끌어냈다. 요컨대 개인의 성격보다 어떤 상황에 놓이느냐는 점에 의존하며, 이성의 제어가 통하지 않는 상태가 된다는 것이다(다만 이 실험에 대해서는 훗날 정당성[9)에 의문도 제기되었다).

　SNS에서도 '다들 이 사람을 중상 비방을 하고 있으니까 나도 해도 되겠지.'라는 잘못된 구조를 인식해 버리면 폭력적 행위에 대한 심리적 허들이 단숨에 낮아진다. 인터넷을 이용할 때는 그 익명성이나 허구의 구조에 현혹되지 않도록 자신의 가치 기준을 확실히 가져야 한다.

어구 해설 ✍

8)　**권력 구조 •** 상대가 원하지 않는 행위도 강제시킬 수 있는 힘을 가진 자와 그 인물에게 지배당하는 자의 관계를 가리킨다.

9)　**정당성 •** '잔인하게 행동하는 것' 자체가 실험 전의 지시 사항이 아니었느냐는 의문도 제기되었다.

안전하게 싸우는 비결은 '하룻밤 묵히기'

간단 요약

안전하게 싸우는 법을 익혀 놓는다

성급한 언어화는 본심이 보이지 않게 만든다

본래 사이가 좋았던 친구·연인이 사소한 계기로 말싸움을 벌이고, 점점 과열되어서 아무 말이나 마구 내뱉는다. 그러나 시간이 지나서 마음이 차분해지면 '왜 그런 말을 한 건지 나도 이해를 못하겠어.'라는 후회가 든다.

싸울 때 분노나 슬픔을 이기지 못하고 내뱉는 말은 자신의 본심과는 거의 상관없는 것일 때가 많다. 마음에 떠오른 감정을 곧바로 언어화[1]해 버리면 표층적[2]인 이해에 머물러서 마음속

어구 해설 ✐

[1] **언어화** • 마음속에서 하고 있는 생각을 언어로 표현하는 것.

[2] **표층적** • 표면적인 것, 겉으로만 그런 것.

깊은 곳에 있는 실제 감정이 드러나지 않게 되기 때문이다. 심리학에서는 이것을 '언어적 은폐'라고 한다. 시작은 사소한 오해였더라도 점점 과열된 결과 균열이 생기고, 심할 경우 파국을 맞이하기도 한다.

진심은 말의 밑바닥에 숨어 있다?

진정해

왜 답장을 안 하는 거야?

표층적인 말

정말 미워!!

사실은 외로웠을 뿐……

실제 감정

▶ 표층적인 말 때문에 싸움 끝에 헤어지는 경우도……

말싸움은 하룻밤을 묵혀 놓으면 피해가 줄어든다

심하든 심하지 않든, 말싸움은 매우 부정적인 커뮤니케이션이다. 그러나 다행스러운 점이 한 가지 있다면 그것은 '언어적 은폐'가 대부분 일시적이라는 것이다. 하룻밤이 지나면 마음이 진정되어 자신을 객관적으로 바라볼 수 있게 된다.

물론 싸움을 안 하는 것이 가장 바람직하지만, 만약 그런 상황에 직면했다면 상대방의 분노에 동조3)해서 마음에도 없는 폭언을 내뱉기 전에 꾹 참고 하룻밤만 묵혀 놓을 것을 권한다. 일단 입 밖으로 내뱉은 말은 그리 쉽게 지울 수 없다.

문제와 거리를 두면 심각해지는 것을 방지할 수 있다

싸움은 피하고 싶지만, 때때로 의도치 않게 일어나기 마련이다. 피하는 것이 무리라면 하다못해 심각한 상황에 빠지지 않도록 '안전하게 싸우는 법'을 익혀 놓자. 이를 위해 주목해야 할 것이 심리학자인 리처드 S. 라자러스[4]가 제창한 '코핑 이론'이다.

코핑은 '문제에 대처한다.'라는 의미다. 개인의 스트레스 반응을 억제하거나 저감하려고 노력하는 대처 행동을 가리키며, 최근 들어서 학교나 기업의 **멘탈 헬스 대책**[5]으로 주목받고 있다.

상대방에게 느끼는 분노나 슬픔, 상대방의 중상 비방은 새로운 스트레스를 만들어낸다. 싸움 자체도 일종의 스트레스 반응이며, 심각한 상태로 발전시키지 않기 위한 매우 효과적인 수단이다.

코핑에는 '문제 초점형 코핑'과 '정동 초점형 코핑'의 2가지가 있다.

어구 해설 ✍

3) **동조** • 영어로는 'synchronize'라고 한다. 동기화한다. 타이밍을 맞춘다는 의미다.

4) **리처드 S. 라자러스** • 미국의 심리학자. 스트레스학의 권위자로, '스트레스 코핑론'을 제창했다. 1922~2002년.

5) **멘탈 헬스 대책** • '멘탈 헬스(Mental Health)'는 마음의 건강을 의미한다. 마음을 다칠 것 같은 사태에 어떻게 대처하느냐는 것.

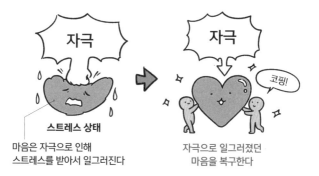

마음은 자극으로 인해
스트레스를 받아서 일그러진다

자극으로 일그러졌던
마음을 복구한다

▸ 문제 초점형 코핑

목적 통제가 가능한 상황에서 문제 해결을 위해 정면으로 대처하거나 제삼자와 상담해 스트레서[6]를 특정함으로써 해결을 꾀하는 것.

문제 해결법 성년으로 대처해 문제의 요인을 밝혀내고 스트레서를 제거한다.

지원 신뢰할 수 있는 사람과 상담한다.

▸ 정동 초점형 코핑

목적 이미 통제가 불가능한 상황에서 직접 해결을 꾀하는 것이 아니라 불쾌한 감정의 완화를 꾀한다.

어구 해설 ✎

6) **스트레서 •** 스트레스의 요인이 되는 것. 물리적(기후나 소음), 생물적(병이나 과로), 과학적(약물), 정신적(인간관계 등에 따른 고통)이라는 4가지 유형으로 분류된다.

문제 해결법 ① 시각이나 발상을 바꿔서 새로운 적응 방법을 모색한다. ② 취미나 여행 등을 통해 재충전과 기분 전환을 한다. ③ 일단 문제를 뒤로 미룬다. ④ 포기한다.

지원 스스로 생각한다.

어떤 상황을 맞이하더라도 유연하게 생각하며 대처한다

실제로 싸울 것 같은 상황을 맞이했을 때는 마음을 진정시키고 그 요인을 찾아내 문제 해결을 시도하자. 그러나 때가 이미 늦었을 경우는 음료를 마시거나 화장실에 가는 등의 방법으로 일단 문제와 거리를 두고, 다른 날에 대화를 하는 것이 최선이다.

앞에서 소개한 코핑의 경우도 효과를 얻으려면 상황에 맞는 방법을 사용하는 것이 기본이다. A에 실패했다고 해서 포기하지 말고 다시 B를 시도해 보는 등 '코핑의 유연성'도 중요하다.

2

종교에 빠지는 것은
어떤 심리일까?

　정상적인 종교라면 믿어도 상관이 없겠지만, '괜찮을까?'라는 걱정이 드는 종교에 빠지는 사람도 있다. 고독감을 해소하고 싶었다, 인간관계로 고민하고 있었다, 누군가에게 인정받고 싶었다 등등 다양한 사정이 있겠지만, 여기에서는 종교에 빠지는 이유를 심리학적 측면에서 설명토록 하겠다.

　인간은 매일 여러 가지에 영향을 받으면서 살아가는데, 영향을 받는 방식에는 세 가지가 있다. 추종, 동일시, 내면화다.

　추종은 상대에게 잘 보이고 싶어서 표면적으로만 동의하는 것이다. 이 단계의 경우, 영향을 받고 있는 사람의 본심까지는 변하지 않으므로 딱히 문제는 없다.

　동일시는 그 영향을 주는 사람처럼 되고 싶다, 그 사람과 같은 장소에 가고 싶다는 동경심에서 상대방과 동조해, 상대

의 생각에 동의하고 긍정하는 것이다. 이것은 음악가나 배우를 따라다니는 팬들에게 많이 적용되는 상황일 것이다.

그리고 마지막 방식인 내면화는 그 상대에게 마음을 빼앗겨서 상대방의 생각에 깊게 수긍하는 상태다. 이 경우 상대방의 사상이 그대로 자신의 생각이 되며 상대방에게 완전히 동조해 버린 상태이기 때문에 빠져나오기가 어렵다.

종교에 빠지는 사람은 대부분 이 내면화를 일으켜서 교주의 생각을 자신의 생각으로 여긴다. 본래 내면화는 사회의 규율이나 규범을 자신의 것으로 받아들임으로써 원활한 집단생활을 영위하기 위해 필요한 작용이다. 그런데 이 작용의 부작용으로 잘못된 종교에 빠지는 경우도 있는 것이다.

상사와
잘 지내는 방법

간단 요약

상사의 유형을 파악해서 마음이
전해지는 커뮤니케이션을 한다

상사에게 휘둘리지 않는 인간관계를 구축하는 방법

조직에서 일을 할 때는 상사와의 인간관계가 매우 중요하다. 설령 상사가 상대하기 거북한 유형이라 해도 적절히 대응해야 한다. 교육학자인 로렌스 J. 피터가 제창한 피터의 법칙[1]에 따르면 애초에 상사는 무능한 인물이라고 한다. 능력주의의 계층 조직에서 사람이 승진할 수 있는 한계는 능력의 한계점까지이며, 그 이상은 승진하지 못한다. 요컨대 현재의 지위에 만족하는 상사가 있다면 그 시점에 이미 무능한 존재라는 것이다. 자신의

어구 해설 🖊

[1] **피터의 법칙** • 조직에 소속된 인재 전원이 능력을 발휘, 발전시키지 않는다면 조직은 언젠가 무능해져서 기능하지 않게 된다는 계층 사회학 이론.

실적을 쌓고 싶다면 무능한 상사에게 휘둘리지 말고 적절히 상대하는 것이 상책이다.

PM 이론으로 분석하는 상사의 리더십

미스미 지후지[2]가 제창한 'PM 이론[3]'을 참조해 상사의 리더십을 파악해 보자. 'P'는 목표 달성 기능(실력 기능)을, 'M'은 집단 유지 기능(관리 기능)을 나타내며, 이 두 기능의 조합에 따라 4개의 유형으로 분류할 수 있다. 상대의 유형에 맞춰서 자신의 행동이나 마음가짐을 바꿀 필요가 있다.

PM 이론

집단 유지 기능

pM형
부하를 잘 돌봐주지만, 목표 달성 능력·생산성이 낮다

PM형
부하를 잘 돌봐주며 생산성도 높다 부하의 신뢰도 두텁다

목표달성 기능

pm형
목표에 대한 의욕도 생산성도 낮으며, 부하를 이해하지도 신뢰하지도 않는다

Pm형
생산성은 높지만, 부하를 배려하지 않는 경향이 있다

어구 해설 ✎

2) **미스미 지후지** • 일본의 심리학자. 규슈 대학교와 오사카 대학교 등 여러 대학에서 교수로서 학생들을 가르친 뒤 지쿠시여자학원의 학장이 되었다. PM 이론 등의 리더십론을 제창했다. 1924~2002년.

3) **PM 이론** • 목표 달성과 집단 유지라는 두 기능을 분석해 리더십을 4개의 유형으로 분류했다. 'P'와 'M'을 조합해 능력이 높을 경우는 대문자, 낮을 경우는 소문자로 표기한다.

자기 연출을 통한 인상 조작으로 자신의 평가를 높인다

상사와 양호한 인간관계를 구축해 업무를 원활히 진행하려면 상사가 자신을 높게 평가하도록 만들 필요가 있다. 그러므로 이를 위한 수법을 알아 둬서 손해 볼 일은 없을 것이다. 포인트는 어떻게 해야 상사에게 자신을 잘 보일 수 있느냐다.

상대방에게 자신을 잘 보이려 하는 심리를 '자기 연출을 통한 인상 조작[4]'이라고 한다. 미국의 심리학자인 에드워드 존스와 테인 피트먼이 제창한 이론이다. 그 방법은 5패턴으로 분류되는데, 그중 하나로 '환심 사기[5]'라는 사례가 있다.

입에 발린 말이나 아부를 효과적으로 사용하는 방법

환심 사기에는 입에 발린 말이나 아부 같은 행위가 존재하며, 상사와 양호한 관계를 구축하는 데 큰 효과를 불러온다. 입에 발린 말이나 아부를 하는 데 저항감을 느낄지도 모르지만, "사장님의 발상에 감명을 받았습니다.", "부장님의 리더십을 배우고 싶습니다." 등 상사에게 자신이 느낀 바를 솔직하게 전해 보는 것은 어떨까? 그 말은 상사의 마음속에 있는 '자기 승인 욕구[6]'

어구 해설 ✍

4) **자기 연출을 통한 인상 조작 •** 자신을 좋게 보여서 호의를 품게 하는 것. '환심 사기', '자기선전(능력을 강조)', '시범(도덕심을 보여준다)', '위협(으름장)', '애원(도움을 요청)'이 있다.

5) **환심 사기 •** 자기 연출을 통한 인상 조작 중 하나. 구체적인 행위로는 자기 개시, 동조, 친절, 입에 발린 말, 아부가 있다.

6) **자기 승인 욕구 •** 주위 사람들에게 인정받고 싶다. 높게 평가받고 싶다는 심리. 조직 속에서 높은 지위에 오른 사람은 자기 승인 욕구도 높을 경우가 많다.

를 충족하기 때문에 부하에게 혐오감을 느끼는 일은 없으며, 오히려 자신을 칭찬해 준 부하에게 호감을 갖게 된다.

이 심리는 앞에서 소개한 '호의의 보답성(63페이지)'이다. 처지를 바꿔서 생각해 보면 자신을 칭찬해 주거나 인정해 준 상대에게 '좋은 사람이네. 마음에 들어.'라고 호의를 품었던 경험이 한두 번은 있을 것이다. 그 심리를 효과적으로 이용하면 상사도 자신도 기분 좋게 일할 수 있으며, 그것이 실적의 향상으로 이어진다면 입에 발린 말이든 아부든 비겁한 수단이라고는 말할 수 없을 것이다.

그러나 의도가 빤히 드러날 만큼 필요 이상으로 과장해서 칭찬하지는 않도록 주의해야 한다. '입에 발린 말만 하는 신용할 수 없는 부하군.' 같은 인상을 준다면 마이너스가 될 뿐이다.

인상 조작의 5가지 방법

호감 사기
자기 개시, 동조, 친절, 입에 발린 말, 아부

자기 선전
능력이나 실적을 어필

시범
모두가 싫어하는 일을 자진해서 한다. 도덕심을 어필한다.

위협
으름장, 화내기

애원
자기비판, 도움 요청

반대 의견을 표명하지 못하는 심리 상태

상사와 의견이 다른 경우는 종종 있지만, 부하의 처지에서 반대 의견을 말하는 것은 상상 이상으로 어려운 일이다. 여기에는 어떤 심리가 작용하는 것일까? 상사는 부하에 대해 '사회적 권력[7]'을 보유하고 있다. 사회적 권력이란 상대에게 영향력을 끼치는 잠재 능력을 가리키며, 5가지로 분류할 수 있다. 그 5가지 중 상사가 보유하고 있는 것은 급여 등 부하가 보수로서 바라는 것을 주는 '보상적 권력'과 부하가 회피하고 싶어 하는 벌을 줄 수 있는 '강제적 권력'이다. 부하는 이 압력에 저항하지 못하기 때문에 반대 의견을 말하지 못하는 것이다.

상대방을 존중하면서 자신도 의견을 주장하는 테크닉

그런 상황에서 활용하면 좋은 심리 테크닉이 '어서션(Assertion)[8]'이다. 이것은 먼저 상사의 의견이나 생각을 존중한 다음 자신의 반대 의견을 말하는 방법이다. "사장님의 생각은 스태프들도 수긍할 수 있는 것이라고 생각합니다. 다만 제가 드리고 싶은 말씀은……."과 같이 상사의 기분을 배려하면서 자신의 주장을 명확히 하자. 한편 공격적인 말이나 상대를 몰아붙이는 말

어구 해설 ✐

7) **사회적 권력** • 보상적 권력과 강제적 권력, 전문적인 지식이나 경험에서 나오는 전문적 권력, 특정한 사회적 지위에서 나오는 합법적 권력, 부하의 동경·충성심에서 나오는 준거적 권력의 5가지로 분류된다.

8) **어서션(Assertion)** • 상대를 존중하면서 자신의 생각이나 요구를 표명하는 커뮤니케이션 스킬. 상대방을 부정하거나 강요하지 않고 자기주장을 해서 양호한 인간관계를 구축한다.

로 반론하는 것을 '어그레시브(Aggressive)', 자신의 의견은 말하지 않고 상대방의 주장을 듣기만 하는 행동을 '논 어서션(Non-Assertion)'이라고 하는데, 충돌이나 불만을 발생시키기 때문에 그다지 추천하지 않는다.

상사와의 적절한 커뮤니케이션

◎ 어서션 △ 논 어서션 △ 어그레시브

존중하며 발언

말씀하시는 바는 충분히 이해합니다만…

그건 아닌 것 같은데…

▶ 존중하며 발언한다
▶ 자신의 의견을 말하지 않는다
▶ 상대방의 이야기를 듣지 않는다

폭언이나 강압적인 발언을 회피하는 방법

상사에게 폭언이나 강압적인 발언을 들으면 의욕이 떨어지기 마련인데, 이를 적절히 회피하는 방법도 있다. 교류 분석9)에서는 상대방의 기분을 불쾌하게 만드는 언동을 '마이너스의 스트로크10)'라고 부른다. 마이너스의 스트로크가 많은 사람은 사실

어구 해설 ✎

9) **교류 분석** • 정신과 의사인 에릭 번이 창시한 심리학 이론. 기초 이론으로 사람의 마음을 부모·어른·아이의 3가지 자아 상태로 분류하는 구조 분석과 상대방을 이해하는 주고받기의 분석 등이 있다.

10) **스트로크** • 사람과 사람 사이의 행위, 언동, 커뮤니케이션을 가리킨다. 용인, 칭찬하는 것을 '플러스의 스트로크'라고 하며, 반대로 질책, 학대, 부정 등의 행위를 '마이너스의 스트로크'라고 한다.

불안감이나 열등감 등을 타인에게 발산함으로써 안심감을 얻으려 하는 경향이 있다. 그런 상사에 대해서는 웃는 얼굴이나 농담으로 대응하거나 자신의 잘못을 깔끔하게 인정해 보자. 그러면 상사는 만족감을 얻지 못해 마이너스의 스트로크가 감소할 가능성이 있다. 반대로 상사의 폭언이나 강압적인 발언에 크게 분노하거나 풀이 죽으면 그 압력은 더욱 커지니 주의가 필요하다.

DAY 13

동료, 부하와 원만한 인간관계를 유지하며 일하는 방법

간단 요약

대화나 메시지 주고받기를 중시해
의욕을 끌어올린다

첫 대면의 이미지는 언제까지나 계속된다

어떤 업종이든 비즈니스 성공의 열쇠는 멤버끼리의 팀워크다. 그리고 동료나 부하와 양호한 인간관계를 구축할 때도 심리학이 효과적이다. 만약 자신이 팀의 내부에서 고립되어 있거나 고립된 사람의 존재를 깨달았다면 '자기 개시[1]'라는 심리 테크닉을 활용해 보는 것이 좋다.

61페이지에서 소개했지만, 사람은 첫 대면에서 받은 상대의 이미지를 그대로 유지하는 경향이 있다(확증 편향). 첫 대면에서

어구 해설 ✎

[1] **자기 개시** • 자신에 관한 정보나 생각 등을 상대에게 이야기하는 것. 긍정적인 측면과 부정적인 측면을 포함해 거짓 없이 그대로 표현하는 것이 특징이다.

인상이 나빴던 동료나 부하에게는 자기 개시를 통해 의도적으로 말을 걸면 호의의 보답성이 작용해서 관계 회복을 기대할 수 있다.

다툼은 문제 직시형으로 해결을 시도하자

업무를 진행하는 방식이나 방향성을 놓고 타인과 대립하는 경우도 있을 것이다. 사람과 사람 사이에서 일어나는 충돌이나 대립을 심리학에서는 '대인 갈등[2]'이라고 부른다.

비즈니스에서 양호한 인간관계를 유지하려면 대인 갈등이 일어났을 때의 대응도 포인트가 된다. 미국의 심리학자인 블레이크와 수학자인 머튼[3]에 따르면, 대인 갈등에 대응하는 방법은 다음의 5가지 유형으로 분류할 수 있다고 한다.

회피형 일어난 문제의 해결을 뒤로 미룬다.

타협형 타협점을 찾아서 서로 양보한다.

융화형 차이점을 깊게 파고들지 않고 해결한다.

고집형 서로 자신의 의견을 주장하며 양보하지 않는다.

문제 직시형 서로가 수긍할 때까지 계속 토론한다.

어구 해설 ✎

2) **대인 갈등** • 업무 배분 등의 문제로 대립을 낳는 '이해 갈등', 업무 진행 방식 등의 차이에 따른 '인지 갈등', 이렇게 해야 한다는 규칙에 관한 '규범 갈등'의 3가지가 있다.

3) **심리학자인 블레이크와 수학자인 머튼** • 로버트 블레이크와 제인 머튼. 미국 텍사스 대학교의 교수. 리더십 행동론을 연구한다. 부하와의 인간관계나 실적에 대한 관심도를 분석했다.

어떻게 대응하는 것이 가장 바람직할까?

이 가운데 대인 갈등을 해결할 수 있는 가장 좋은 방법은 문제 직시형이다. 동료나 부하와의 대립은 서로가 이해할 때까지 성실하게 이야기를 나누며 문제를 해결하는 것이 중요하다. 회피형이나 고집형으로 대응하려 하면 문제도 해결되지 않고 상황도 개선되지 않을 것은 불을 보듯 뻔하다. 이것은 심리학 연구와 분석에서도 증명된 사실이다.

서로의 의견을 이야기할 때는?

◎ [문제 직시형]
▶ 서로 수긍할 때까지 이야기를 나눈다

검토해 놓을게 △ [회피형]
▶ 문제를 뒤로 미룬다

무조건 내가 옳아! △ [고집형]
▶ 자신이 옳다고 생각하고 양보하지 않는다

△ [타협형]
▶ 서로 양보하며 타협한다

△ [융화형]
▶ 일단 문제점에 대해 눈을 감는다

화제가 확장되는 열린 질문

충돌이나 대립이 일어났을 때는 계속 대화를 나누는 것이 중요하지만, 사람에 따라서는 생각이나 고민을 제대로 표현하지 못하는 경우도 있다. 만약 동료나 부하 중에 그런 유형이 있다면 '열린 질문4)'을 시도해 보기 바란다.

열린 질문을 이용한 대화는 상대방이 감정을 표현하기 쉬울 뿐만 아니라 하나의 대화를 계기로 화제가 확장되기 쉽다는 이점이 있다.

구체적인 방법으로는 "고객의 평가는 어땠지?", "문제점은 뭐라고 생각해?" 같은 식으로 대답을 한정하지 않는 질문을 한다. 이런 질문에는 상대방도 "그다지 많이 팔리지는 않았지만, 흥미는 있어 보였습니다."라든가 "상품의 진열 방식이 좋지 않았다고 생각합니다." 같은 식으로 자신의 생각을 표현하기가 쉬워진다. 한편 네 · 아니요 또는 짧은 대답이 요구되는 '닫힌 질문5)'의 경우는 상대방이 마음속에 품고 있는 생각까지 이야기할 수가 없어 문제 해결에 이르지 못하는 경우가 많으니 피하는 편이 현명하다.

또한 동료나 부하로부터 의견 또는 아이디어를 끌어내고 싶다면 이쪽도 귀 기울여 들으려 하는 태도를 보이는 것이 중요하다. 상대방의 이야기를 끊지 말고, 또 적절한 타이밍에 맞장구를 쳐 주면 더욱 깊은 대화를 이끌어낼 수 있을 것이다.

어구 해설 ✐

4) **열린 질문** • 대답하는 쪽이 자유롭게 대화를 확장할 수 있는 질문 방법. "어렸을 때 어떤 곳에서 자랐어?"라고 물어보면 가족 구성이나 환경, 학교 등 다양한 정보를 들을 수 있다.
5) **닫힌 질문** • 열린 질문과 반대로 대답을 네 또는 아니요로 한정해 버리는 질문 방법. "가족은 부모님하고 형뿐이야?" 등이 닫힌 질문에 해당한다.

목표가 가까워질수록 의욕이 상승하는 마음의 작용

산적한 업무를 처리해야 할 때, 시작부터 중반까지는 좀처럼 일할 마음이 나지 않지만 끝이 보이면 어째서인지 의욕이 상승한 경험이 있을지 모른다. 이것은 '목표 구배[6]'라고 부르는 심리학 이론으로, 사람은 목표에 접근할수록 의욕이 상승한다는 것이다.

이 이론을 이용하면 동료나 부하의 의욕을 조종할 수도 있다. 포인트는 커다란 목표를 내거는 것이 아니라 업무 과정을 세분화해서 작은 목표를 많이 설정하는 것이다. 작은 목표의 달성을 반복함으로써 의욕을 지속시키는 심리 테크닉이다.

칭찬이 의욕을 끌어올린다

의욕을 잃은 동료나 부하를 호되게 질책해서 분발시켜야 할지 칭찬해서 의욕을 높여야 할지 고민스러울 때도 많을 터인데, 심리학에서는 칭찬해 주는 편이 의욕도 효율도 높인다는 명확한 결론이 나와 있다.

이와 관련해 미국에서는 초등학생을 무조건 칭찬해 주는 '칭찬 그룹'과 무조건 꾸짖는 '질책 그룹', 칭찬도 질책도 하지 않는 '방임 그룹'의 세 그룹으로 나누고 5일에 걸쳐 계산을 시키는 실

어구 해설 ✎

6) **목표 구배** • 목표 달성에 가까워질수록 의욕이나 속도, 효율이 상승하는 심리.

험을 실시했다. 그 결과, 마지막까지 성적이 오른 그룹은 칭찬 그룹이었다. 질책 그룹은 전반부에 성적이 올랐지만 중간부터 성적이 떨어졌고, 방임 그룹은 처음에만 성적이 약간 상승했을 뿐 그 뒤로는 실험이 끝날 때까지 눈에 띄는 변화가 없었다(고양 효과[7]).

이 실험 결과를 봐도 알 수 있듯이, 인간은 역시 '칭찬받으면 성장하는 성질'을 지니고 있다. 또한 칭찬에도 요령이 있다. 미국의 심리학자인 캐럴 드웩[8]은 의욕을 상승시키려면 그 사람의 재능을 칭찬하기보다 노력을 칭찬하는 편이 효과적이라고 주장했다. "자네가 애써 준 게 큰 도움이 됐어." 같은 한마디가 팀을 활성화하는 에너지가 되는 것이다.

칭찬을 받으면 의욕도 결과도 향상된다

잘했어!

좀 더 열심히 하라고!

. . . .

▶ 칭찬을 받으면 마지막까지 성적이 오른다

▶ 질책을 받아서 생긴 의욕은 계속되지 못한다

▶ 방임되면 특별한 변화는 없다

어구 해설 ✐

7) **고양 효과** • 칭찬을 받으면 의욕이 높아지는 것. 급여나 보너스 같은 보수가 아니라 칭찬받는 것, 평가가 오르는 것을 목적으로 노력한다.

8) **캐럴 드웩** • 미국의 심리학자. 아이들을 두 그룹으로 나눈 뒤 한 그룹은 재능을 칭찬해 주고 다른 그룹은 노력을 칭찬해 준 결과, 후자의 의욕이 더 높아지는 결과가 나왔다. 1946년~.

DAY 14

30일 만에 배우는
심리학 수첩

자신의 의견을 통과시키기 위해서는 먼저 환경을 조성한다

간단 요약

다수파의 마음을 움직이려면 집단의 토론의 특성을 이해해야 한다

멘탈 트레이닝으로 긴장을 푼다

자신의 기획이나 아이디어를 통과시키고 싶을 때, 그저 무작정 주장을 해서는 헛수고로 끝날 뿐이다. 중요한 것은 주위의 찬동을 얻기 위한 환경을 만드는 작업이다. 먼저 자신의 마음을 가다듬는 것부터 시작하자. 프레젠테이션이나 기획 회의 같은 긴장되는 상황에서는 운동선수가 도입하고 있는 멘탈 트레이닝을 시도해 보기 바란다. 웃음 짓기와 호흡법, 근이완법을 통한 이완1)이나 프레젠테이션이 성공한 모습을 상상하는 이미지 트

어구 해설 🖉

1)   **이완 •** 기분전환을 하는 것, 편히 쉬는 것, 긴장을 푸는 것.

레이닝을 실시하는 것이다. 편안한 표정으로 적극성을 어필하기만 해도 듣는 사람의 마음의 문이 열려서 주장이 잘 전달된다.

프레젠테이션의 성공에는 '3개의 P'가 필요하다

자신의 마음을 제어하는 방법을 익혔다면 다음에는 프레젠테이션을 성공으로 이끄는 요령도 기억해 두기 바란다. 심리학에서는 퍼스널리티[2], 프로그램[3], 프레젠테이션 스킬[4]이라는 '3개의 P'가 중요하다고 여긴다. 이 세 가지의 수준을 높이면 듣는 사람의 마음을 더욱 강하게 사로잡을 수 있는 것이다. 또한 어느 연구에 따르면, 듣는 사람이 이쪽의 제안에 수긍할 때는 내용에 공감하는 것은 물론이고 이쪽의 지위나 태도도 판단 재료로 삼는다고 한다. 자신을 어떻게 보일 것인가는 프레젠테이션을 성공으로 이끄는 중요한 요인이다.

프레젠테이션에서 중요한 3가지 요소

퍼스널리티
첫인상을 좋게 만들기 위한 개성

프로그램
프레젠테이션의 내용

오오!

프레젠테이션 스킬
알기 쉽게 전하는 테크닉

▶ 3개의 P를 중시하면 더욱 매력적인 프레젠테이션이 된다

다수파의 의견은 위험한 방향으로 흘러가기 쉽다

집단으로 회의나 미팅을 할 때 참가자 전원이 토의하는 것은 민주적이며 독단이나 독재를 피하는 길로 이어지지만, 때로는 의견이 위험한 방향으로 치우치는 경우가 있다. 사람은 동료 의식을 가지고 있는 집단에서는 다수파의 의견에 동조하는 경향이 강하다. 개인적으로는 그것이 위험함을 알더라도 다수가 승인한 의견에 대해 반대하기 부담스러워하는 심리가 작용하는 것이다.

이것은 사회 심리학자인 제임스 스토너가 제창한 이론으로, '집단 극화(極化)[5]'라고 한다. 그 집단은 점차 낙관적인 방향으로 생각하게 되고 반대 의견이 나와도 일축해 버리기 때문에 결론이 계속 나쁜 방향으로 나아가는 것이다.

잘못된 선택을 하도록 만드는 동조 행동

이 스토너의 집단 극화 이론을 뒷받침하는 실험이 있다. '애쉬

어구 해설 ✐

2) **퍼스널리티** • 인격, 개성이라는 의미. 프레젠테이션을 할 때는 자신의 첫인상을 좋게 만드는 것이 중요하다.

3) **프로그램** • 프레젠테이션의 내용을 의미한다. 요약~상세~요약으로 구성하는 SDS법, 요점~이유 ~구체적인 예~요약으로 구성하는 PREP법 등이 있다.

4) **프레젠테이션 스킬** • 내용을 효율적으로 상대방에게 전하는 테크닉. 화술 이외에 자료나 자료 요약본 등의 작성도 중요하다.

5) **집단 극화(極化)** • 리스크가 높은 방향으로 결론이 치우치는 것과 반대로 안전하지만 발전성이 없는 결론으로 향하는 것을 합쳐서 집단 극화라고 부른다. 심리학자인 스토너가 제창했다.

의 동조 실험6)'이라는 것이다. 7~9명의 그룹에 선을 하나 보여주고 별도로 준비한 세 선 중에서 길이가 같은 선을 고르게 하는 실험인데, 피험자가 혼자서 골랐을 경우는 정답률이 99퍼센트였다. 그런데 피험자를 제외한 모두가 고의로 정답이 아닌 선을 고르자 피험자도 그에 동조해 정답이 아닌 선을 골랐고, 그 결과 정답률은 63퍼센트로 떨어졌다. 훗날의 연구에서는 다수파의 인원수를 보여주기만 해도 피험자가 다수파에 동조할 가능성이 높아진다는 사실이 밝혀졌다. 가령 "당신 이외의 사람 중 80퍼센트가 A를 골랐습니다."라는 말을 들으면 본래는 B라고 생각했으면서도 A를 선택하게 되는 것이다. 이런 심리를 '동조 행동7)'이라고 하며, 특히 일본인은 이 경향이 강하다고 알려져 있다.

　자신의 의견을 밀어 붙이기보다 다른 사람을 배려해 동조하는 것에서 미덕을 느끼는 경향이 있는 일본인. 이 성질을 이용한다면 회의나 미팅에서 자신이 제안하는 기획 또는 주장에 많은 찬동을 얻어내는 것도 불가능하지는 않다. 그 방법은 다음 페이지에서 소개하겠다.

어구 해설 ✎

6)　**애쉬의 동조 실험** • 피험자가 혼자서 답을 골랐을 때의 정답률은 99퍼센트, 바람잡이 전원이 오답을 골랐을 경우 피험자의 정답률은 63퍼센트, 바람잡이 중 한 명이 정답을 골랐을 경우 피험자의 정답률은 93퍼센트였다.

7)　**동조 행동** • 자신과는 생각이 다른 사람에게 맞춰서 자신의 본래 생각을 바꾸는 것. 생각에 자신감이 없거나 타인의 기대에 부응하고 싶다는 마음에서 기인한다.

A와 길이가 같은 선은?

혼자일 경우…

정답

그렇다면 오답

= 동조 행동

여러 명일 경우…

▸ 혼자일 때는 틀리지 않는 문제도 주위 사람들이 모두 틀린 답을 말하면 동조하고 만다

동조 행동을 응용해 회의의 분위기를 바꾼다

앞 페이지에서 소개한 동조 행동은 기획 회의나 프레젠테이션에서 활용이 가능하다. 기획 내용이나 의견을 설명하는 동시에 "고객 설문 조사에서는 90퍼센트가 이 상품을 맛있다고 평가했습니다."라든가 "70퍼센트 이상의 사원이 제도에 의문을 제기했습니다."와 같이 다수파의 수를 명확히 하는 것이다. 이렇게 하면 듣는 사람에게서 동조 행동이 나타나 기획이 통과할 가능성이 한층 높아진다.

소수파의 의견을 통과시키는 마이너리티 인플런스 테크닉

다음은 소수파의 의견을 통과시킬 때의 포인트를 생각해 보자. 어떤 토론에서든 다수파의 의견만이 옳은 것은 아니다. 결론이 위험한 방향으로 나아갈 것 같을 때는 비록 소수파라 해도 정론을 강하게 주장해야 한다.

그런 상황에서 응용할 수 있는 심리 테크닉도 물론 존재한다. '마이너리티 인플런스(Minority Influence)[8]'라고 부르는 테크닉으로, 홀랜더의 책략[9]이나 모스코비치의 책략[10] 같은 수법으로 알려져 있다. 포인트 중 하나는 생각이 일관적이어야 한다는 것이다. 일관된 의견을 계속 주장해야 다수파에게 '내 생각이 틀렸나?'라고 생각하게 만들 수 있는 것이다.

그러나 단순한 고집쟁이가 되어 버려서는 아무런 의미가 없다. 왜 그렇게 생각하느냐 같은 이론을 설명하는 것은 물론이고, 사회나 시대의 조류를 기미해서 설명하면 설득력이 커진다는 사실도 기억해 놓자.

또한 리더격의 인물을 소수파에 끌어들이는 것도 긍정적으로 작용한다. '모두가 신뢰하는 저 사람이 그렇게 말한다면 우리가 틀렸는지도 몰라. 나도 저 사람의 의견에 맞추자.'라며 다수파의 생각을 뒤엎을 가능성이 생기는 것이다.

다수파이든 소수파이든, 심리학을 응용하면 자신의 의견을

어구 해설 ✐

8) **마이너리티 인플런스(Minority Influence)** ▸ 소수 의견이라 해도 다수파를 설득할 수 있다고 여겨지는 수법. 홀랜더의 책략, 모스코비치의 책략의 두 가지 수법이 알려져 있다.

9) **홀랜더의 책략** ▸ 소수파에 속하는 신뢰도가 높은 리더가 강하게 주장함으로써 다수파에게 '저 사람이 그렇게 말한다면 소수파의 의견이 더 옳은지도 몰라.'라고 생각하게 만드는 수법.

10) **모스코비치의 책략** ▸ 소수파가 의견을 굽히지 않고 일관적으로 강하게 주장함으로써 다수파에게 '어쩌면 우리가 틀렸는지도 몰라.'라고 생각하게 만드는 수법.

효과적으로 통과시킬 수 있다는 사실을 기억해 두자. 손해 볼 일은 없을 것이다.

30일 만에 배우는
심리학 수첩

부탁을 하고 싶다면
선택지를 만들어라

간단 요약

요구 사항을 직설적으로 전하지 말고,
화법을 궁리해서 이쪽의 페이스로
끌어들인다

"안 됩니다."라고 말하지 못하도록 만드는 오전제(誤前提) 암시

어떤 일이든 혼자의 힘으로 전부 처리하기는 어려운 일이며,
서로 도우면 성취감도 공유할 수 있다. 중요한 점은 일을 의뢰
할 때든 거절할 때든 기분 좋게 커뮤니케이션을 하는 것이다.

먼저 소개하고 싶은 것은 의뢰를 할 때의 심리 테크닉이다. 예
를 들어 서류 정리를 부탁하고 싶을 때, "서류 정리를 도와주겠
나?"라고 물어보면 "지금은 바빠서 무리입니다."라고 거절당할
가능성이 있다. 그러나 "서류 정리와 선반 청소 중에 어느 쪽을
도와주겠나?"라고 물어보면 "둘 중 하나라면 서류 정리를 도와
드리겠습니다."와 같이 마치 처음부터 도와주기로 했었던 것처

럼 승낙을 이끌어낼 수 있다. 이것을 '오전제(誤前提) 암시1)'라고 부르며, 사람은 주어진 선택지에서만 사물을 판단하는 심리를 이용한 테크닉이다. 이쪽의 의뢰에 '도와주지 않는다.'라는 선택지가 준비되어 있지 않기 때문에 상대방은 필연적으로 의뢰를 받아들이는 것이다.

적은 분량부터 시작해서 대량의 업무를 의뢰하는 작전

작업을 의뢰할 때 '이건 무리한 부탁일지도 몰라.'라는 생각이 들어서 주저되는 경우도 있기 마련이다. 그럴 때는 '문간에 발 들여놓기2)'라는 심리 테크닉을 활용할 수 있다. 가령 대량의 데이터 입력을 부탁하고 싶을 때, 처음부터 다짜고짜 전부 입력해 달라고 부탁하면 거절당할 것 같은 경우는 먼저 적은 분량을 부탁해 본다. 그리고 그것이 완성된 시점에 더 추가하면 상대는 거절하기가 어려워져 부탁을 들어주게 된다.

또한 미국의 심리학자인 커닝햄의 실험3)에 따르면, 꺼림칙한 부분이 있는 사람은 부탁을 들어줄 가능성이 높다고 한다. 조

어구 해설 🖊

1) **오전제(誤前提) 암시** • 상대방에게 '네' 혹은 '아니요'가 아니라 'A냐 B냐' 같은 전제의 선택지를 제시해서 선택하게 하는 심리 테크닉. 아니요가 선택지에 없기 때문에 거절하지 못한다.

2) **문간에 발 들여놓기** • 상대방이 승낙하기 쉬운 요구부터 시작해서 점차 커다란 요구를 하는 교섭술. 영업 사원이 문간에 발을 밀어 넣어서 문을 닫지 못하게 함으로써 상대방이 영업을 거부하지 못하도록 하는 행위에서 유래했다.

3) **커닝햄의 실험** • 꺼림칙한 부분, 켕기는 부분이 있는 사람은 약 70퍼센트가 타인을 도왔다. 한편 꺼림칙한 부분이나 켕기는 부분이 없는 사람은 약 40퍼센트만이 타인을 도왔다고 한다.

금은 비겁한 방법이지만, 어쩔 수 없을 때는 약점을 쥐고 있는 사람(만취했을 때 뒤치다꺼리를 해 줬다거나)에게 업무를 의뢰해 봐도 좋을 것이다.

큰 요구를 거절하게 함으로써 작은 요구를 들어주게 한다

앞 페이지에서 소개한 '문간에 발 들여놓기' 이외에 '머리부터 들이밀기[4]'라는 수법도 있다. 먼저 상대방이 거절할 것으로 예측되는 큰 요구를 한다. 그리고 예측대로 상대방이 거절하면 이번에는 작은 요구를 한다. 그러면 큰 요구를 거절한 것에 죄책감을 느끼고 있었던 상대방이 작은 요구를 들어줄 확률이 높아진다.

가령 100건의 데이터 입력을 부탁하고 싶다면 일부러 무리라고 생각되는 200건의 데이터 입력을 부탁해 본다. 그리고 상대방이 "시간이 없어서 어렵습니다."라고 거절하면 "그렇다면 100건은 가능한가?"라고 다시 물어봐서 부탁을 들어주게 하는 심리 테크닉이다.

'작은' 요구를 한 다음 본래의 '큰' 요구를 하는 문간에 발 들여놓기와 '큰' 요구를 한 다음 본래의 '작은' 요구를 하는 머리부

어구 해설 ✏

4)   **머리부터 들이밀기** • 부탁을 거절하면 찝찝함을 느끼는 심리를 이용해, 높은 수준의 요구부터 시작
     해 점차 요구의 수준을 낮추는 수법. 현관문이 열리면 머리부터 들이미는 영업 사원의 행위에서 유
     래했다.

터 들이밀기. 업무 상황이나 상대방의 표정을 살피면서 어느 기법이 더 적절할지 판단해 사용하는 것이 성공의 비결이다.

이유를 명확히 밝힘으로써 교섭 성공률을 높이는 자동성(Auto -maticity)

부탁을 할 때의 교섭 수단으로서 '왜 그것을 부탁하는가?' 같은 이유를 명확히 하는 방법도 있다. 가령 서류 작성을 부탁하고 싶을 때, "서류 작성을 도와줬으면 좋겠어."라고 요구만을 전달하기보다 "고객이 내일까지 필요하다고 해서 그런데, 서류 작성을 도와줬으면 좋겠어."라고 이유를 밝히는 편이 상대가 들어줄 확률이 높아진다. 이것을 심리학에서는 '자동성(Automaticity)⁵⁾'이라고 부른다.

심리학자인 엘렌 랭거⁶⁾가 실시한 실험에 따르면, 요구만을 전했을 경우의 교섭 성공률은 60퍼센트 정도였지만 어떤 이유를 밝혔을 경우는 90퍼센트 이상으로 상승했다고 한다. 이때, 물론 의미가 있는 이유라면 더할 나위가 없지만 딱히 의미가 없는 이유를 말하더라도 교섭 성공률은 달라지지 않았다. "꼭 서류를 작성해야 하니 도와줬으면 좋겠어." 같은 수준의 이유라도 말하

어구 해설 ✎

5) **자동성(Automaticity)** • 서류 5장의 복사를 먼저 해 달라고 부탁할 때는 "급한 거라", "고객이 복사해 달라고 해서" 같은 이유를 대면 교섭이 성공한다는 엘렌 랭거의 이론.

6) **엘렌 랭거** • 미국의 심리학자. 하버드 대학교 교수, 사회 심리학 프로그램 의장 등을 맡고 있다. 최근 주목받고 있는 마음챙김의 연구자로도 유명하다. 1947년~.

면 그저 "도와줬으면 좋겠어."라고 요구할 때보다 상대방이 부탁을 들어줄 확률이 높아지는 것이다.

"못합니다.", "안 됩니다."는 금물. 상대방에게 좋은 인상을 주는 거절 방법

지금까지 부탁하는 쪽의 심리 테크닉을 소개했는데, 자신이 부탁을 받는 처지가 되었을 때 거절하는 방법도 소개하겠다.

들어주기 힘든 요구나 담당이 아닌 안건을 제시받았을 때, "못합니다.", "제 관할이 아닙니다."라고 일축해 버리면 팀워크에도 균열이 생긴다. 다만 그렇다고 해서 전부 들어주면 스트레스가 쌓일 수밖에 없다.

상대방의 심증(心証)[7]이 나빠지지 않도록 부드럽게 거절하려면 '조건부 찬성 화법[8]'을 활용해 보기 바란다.

가령 주말에 휴일 근무를 의뢰받았다고 가정하자. 거절하고 싶은 것이 본심이지만, "토요일에는 약속이 있지만 일요일이라면 출근할 수 있습니다."라든가 "이번 주는 힘들지만 다음 주 주말에는 출근할 수 있습니다."라는 식으로 이쪽에서 조건을 제시하면서 상대방의 요구에 응하는 대답을 한다. 상대방의 요구를 이해하고 승인하는 자세를 보이면서도 현재로서는 실행할 수 없다고 전함으로써 상대방이 그 이상의 요구는 하지 못하도록 자연스럽게 단념시키는 것이다.

더욱 부드럽게 거절할 수 있는 예스 벗 화법

위의 '조건부 찬성 화법'을 더욱 발전시킨 거절 방법도 존재한다. 마찬가지로 휴일 근무를 요구받았을 때, "가능합니다. 그런데 토요일만 출근해도 될까요?", "휴일 근무 가능합니다. 다만 이번 주는 어렵고 다음 주는 괜찮습니다."와 같이 요구를 승인하는 말을 먼저 한 다음 자신의 조건을 명확히 하는 것이다. 이것은 71페이지에서 소개했던 '예스 벗 화법'을 이용한 것으로, 조건부 찬성 화법에서 말의 순서를 바꾼 수법이다.

양쪽 모두 거절을 위한 대답이지만, 예스 벗 화법은 상대방

어구 해설 🖉

7)　**심증(心証) ·** 상대방의 말이나 행동에서 받는 인상.

8)　**조건부 찬성 화법 ·** 조건을 붙여서 대답하는 수법. 상대방의 요구를 받아들이면서 자신의 조건을 제시함으로써 결과적으로는 거절하는 것이 가능해진다.

을 받아들이는 긍정적인 말이 먼저 나오는 까닭에 조건부 찬성 화법보다 더 부드러운 인상을 주면서 거절할 수 있다. 의뢰하는 쪽도 "못합니다.", "안 됩니다."라며 단칼에 거절당하는 것보다 "돕고 싶지만 지금은 사정이 여의치 못합니다."라고 거절당하는 편이 덜 기분 나쁘다.

DAY 16

30일 만에 배우는
심리학 수첩

소비자 행동을 해석해서
상품을 이해한다

간단 요약

가격 결정 방법, 선택 방법을
궁리하면 판매자와 구매자를
모두 만족시킬 수 있다

어중간한 금액을 설정해 구매 의욕을 자극한다

비즈니스에서 상품의 가격 설정, 프로모션, 브랜딩[1] 같은 판
매 전략의 고찰은 필수라 할 수 있다. 판매 수법에 관해 심리학
의 견지에서 생각해 보자.

상품의 가격을 결정할 때는 '심리적 가격 설정[2]'이라고 부르
는 테크닉이 널리 활용된다. 슈퍼마켓 등에 진열된 상품의 가격

어구 해설 🖉

1) **브랜딩 •** 소비자에게 가치가 높은 브랜드를 구축하는 활동이나 기업 전략. 타사의 제품과 차별화하
고 고객의 관심도를 높여서 구매 의욕을 끌어올린다.

2) **심리적 가격 설정 •** 소비자의 심리적 측면을 생각해서 가격을 결정하는 것. 가격을 비싸게 설정함
으로써 품질이 우수하다는 인상을 주거나 가격의 끝수를 어중간하게 설정해서 싸게 산다는 인상을
주는 등의 수법이 있다.

표를 보면 198엔이라든가 1,980엔처럼 어중간한 금액이 설정되어 있는데, 그 이유는 소비자가 200엔이나 2,000엔처럼 딱 떨어지는 금액일 때보다 어중간한 금액일 때 더 싸게 산다는 느낌을 받기 때문이다.

또한 소비자는 금액이 딱 떨어지는 가격표를 보면 판매자가 가격을 대충 설정했다고 느끼며, 어중간한 금액의 가격표를 보면 '뭔가 이유가 있어서 이 가격이 됐나 보군.'이라고 생각하는 경향이 있다. 이 심리를 '끝수 효과[3]'라고 부른다. 어중간한 끝수에는 구매자에게 '판매자가 가격을 내리려고 최대한 노력했구나.'라는 생각을 심어 주는 효과도 있다.

가격에 대한 심리

싸네!

최대한 할인을
하다 보니 이런
어중간한 가격이
된 건가?

19,800.-

▶ 소비자는 끝수가 어중간한 가격일 때 더 싸게 산다는 느낌을 받는다

어구 해설 ✎

3) **끝수 효과** • 끝수가 딱 떨어지는 100엔, 1,000엔이 아니라 그보다 살짝 저렴한 가격인 98엔, 980엔으로 설정해서 소비자에게 싸다는 인상을 준다. 일본에서는 '8'을 많이 사용하지만, 외국에서는 '9'가 많이 사용된다.

8을 좋아하는 일본인

또한 거리를 돌아다니다 보면 980엔, 198엔, 1980엔처럼 '8'이 포함된 가격을 많이 볼 수 있는데, 여기에도 이유가 있다. 일본인은 '8'을 상서로운 숫자로 여기며 좋아하기 때문이다. '8'에는 판매자의 장사 번성과 구매자의 구매 의욕 향상이라는 상승효과에 대한 기대가 담겨 있는 것이다.

중간 등급을 선택하고 안심하는 송죽매의 법칙

상품에 가격을 명시해서 가게 앞에 진열할 때, 세 가지 가격을 나열하는 방법이 있다. 가령 2만 9,800엔짜리 상품을 팔고 싶을 경우는 한 등급 아래인 1만 9,800엔짜리 상품과 한 등급 위인 3만 9,800엔짜리 상품을 함께 진열하고 파는 것이다. 이렇게 하면 중간 등급인 2만 9,800엔짜리 상품의 매출이 상승하는 효과를 기대할 수 있다. 이것을 '송죽매(松竹梅)의 법칙4)'이라고 부르며, 일본에서 오래전부터 전해져 내려오는 등급 분류법에서 유래한 발상이다.

사람은 송=상급, 죽=중급, 매=하급의 3단계가 있으면 중간인 '죽'을 선택하는 경향이 강하다고 알려져 있다. 이것은 중간이 가장 안정적이며 리스크가 적다고 느끼기 때문이라고 한다.

어구 해설 ✐

---

4) **송죽매(松竹梅)의 법칙 •** 같은 상품을 등급에 차이를 줘서 3가지 가격으로 판매하면 대부분의 소비자는 한가운데의 가격(죽)을 선택한다는 행동 경제학의 이론.

가령 여러분도 초밥집이나 장어 덮밥집에서 메뉴를 고를 때 '송은 비싸서 주문하기가 부담스럽고, 값이 싼 매는 먹어도 먹은 것 같지가 않아서 아쉽단 말이지. 그러니 가격도 적당하고 어느 정도 만족스럽기도 한 죽을 주문하자.'라고 생각한 적이 있을 것이다. 이 법칙에는 그런 소비자의 심리가 반영되어 있는 것이다.

제한 당할수록 갖고 싶어진다 — '심리적 반발'

상품의 가치를 높여서 판매 촉진을 꾀하는 수법은 그 밖에도 여러 가지가 있다. 회원제 레스토랑이나 고급 요리점 등에서 볼 수 있는 '초면 손님 사절'이나 사람들이 줄을 서서 기다리는 인기 음식점의 '20인분 한정' 등도 그 수법 중 하나로, '심리적 반발[5]'이라고 부르는 심리학 이론을 응용한 것이다.

이것을 밝혀낸 사람은 사회 심리학자인 잭 브렘[6]이다. 그의 주장에 따르면 인간은 제한이나 강제를 당하면 그것에 저항하는 방향으로 심리가 발동한다. 어렸을 적에 부모가 금지한 게임을 숨어서 하거나 먹으면 안 된다고 한 과자를 몰래 먹었던 경험은 누구에게나 있을 터인데, 바로 이것이 심리적 반발이다.

'초면 손님 사절'이나 '20인분 한정'과 같은 식으로 상품을 제

어구 해설 ✎

5) **심리적 반발 •** 강제 당하거나 설득되거나 자유를 빼앗기는 데 저항하는 심리. "공부하렴."이라는 말을 들으면 공부하기가 싫어지는 것도 이 심리의 작용으로 생각할 수 있다.
6) **잭 브렘 •** 미국의 사회 심리학자. 감정의 프로세스를 연구했다. 1928~2009년.

한 당하면 더욱 흥미가 솟아나서 그 가게나 상품이 매력적으로 보이게 되는 것이다.

무의식중에 매료되는 가게

▶ '한정'감이 있으면 사람은 무의식중에 매력을 느끼게 된다

타인이 높게 평가한 것에 흥미를 품는 동조 행동을 이용해 히트 상품을 만들어낸다

우리는 인기 블로거가 추천하는 상품이 폭발적으로 팔려 나가고, 맛있다는 평판이 자자한 가게에 긴 줄이 생기는 모습을 종종 목격한다. 판매 전략을 궁리할 때는 그런 소비자 행동을 이해하는 것도 매우 중요한데, 여기에서 키워드는 '동조 행동'이다. 사람은 타인이 높게 평가한 것에 흥미를 품고 자신도 사용해 보고 싶다, 구입하고 싶다, 먹어 보고 싶다는 욕구를 느낀다. 그 성질을 선전이나 마케팅에 활용하면 히트 상품을 만들어낼 수도 있는 것이다.

오늘날 동조 행동을 견인하는 존재는 인플루언서[7]다. 사회적인 영향력이나 소구력이 있는 인물이 "이 가게 정말 맛있어!"라고 발언하면 사람들의 동조 행동이 발동해 그 가게가 손님들로 북적이게 되는 것이다.

명품으로 자신의 가치를 높인다 — '후광 반사 효과'

상품 개발이나 홍보, 마케팅 등을 생각할 때 브랜딩을 의식하는 것은 비즈니스의 원칙 중 하나다. 소비자는 왜 명품에 매력을 느끼는지 생각해 보자.

일반적으로 '명품'이라고 불리는 상품은 디자인이 우수하고 품질이 높다. 이것을 '1차적 가치'라고 부르며 많은 사람이 그 매력에 동경심을 느끼고, 소유하고 싶다는 욕구에 빠지며, 손에 넣으면 큰 만족감을 얻는다.

명품을 손에 넣음으로써 생겨나는 감정에는 '2차적 가치'라고 부르는 것도 있다. 훌륭한 명품을 살 수 있는 자신, 명품을 착용한 자신, 명품의 가치를 이해하는 자신에게 만족감을 느끼고 그것을 과시함으로써 자신의 사회적 가치를 높이려 하는 심리다.

이것은 '후광 반사 효과(Basking in reflected glory)[8]'라고 불리

어구 해설 ✎

7) **인플루언서** • 타인의 구매 욕구를 자극하는 영향력이 있는 사람. 오늘날에는 SNS나 블로그 등을 매개체로 발언력·소구력이 있는 유명인, 방송인, 모델 등이 그 역할을 맡고 있다.

8) **후광 반사 효과(Basking in reflected glory)** • 가치가 높다고 여겨지는 상품을 구입하거나 유명인과 관계가 있음을 강조함으로써 자신의 사회적 가치를 높이려 하는 행위.

며, 브랜딩을 생각할 때 중요한 포인트가 된다. 팔고자 하는 상품의 1차적 가치를 어필하는 동시에 그것을 손에 넣은 소비자의 2차적 가치가 높아짐을 호소하는 것이다.

세련된 디자인 · 높은 품질

브랜드가 지닌 가치

자존심 ↑↑
사회적 가치 ↑↑

1차적 가치
▸ 그 물건 자체가 지니는 가치

2차적 가치
▸ 그 물건을 착용한 자신의 가치

DAY 17

30일 만에 배우는
심리학 수첩

영업 사원의 영업술에도
활용되는 심리학

간단 요약

고객의 구매 의욕을 조종해
매출 상승으로 연결시킨다

작은 승낙과 큰 승낙의 괴리를 수정하는 심리

판매나 영업 같은 거래 상황에서도 세일즈 토크에 심리학을
활용함으로써 고객의 구매 의욕을 끌어낼 수 있다.

그중 하나는 111페이지에서도 소개한 '문간에 발 들여놓기 테
크닉'이다. 판매 교섭을 할 때도 이 테크닉을 응용할 수 있다.
큰 승낙과 작은 승낙 사이에는 심리학에서 말하는 '인지적 일관
성의 원리[1]'가 작용하는데, 이것을 이용해 고객이 구입을 결정
하도록 유도하는 것이다. 예를 들면, 세일즈 토크를 시작할 때

어구 해설 ✎

---

[1] **인지적 일관성의 원리** • 행동이나 생각이 일관적이지 않은 상태가 발생했을 때 그것을 불쾌하게 여
기고 일관적인 상태로 되돌리려 하는 심리. 인지적 일관성 이론이라고도 한다.

"신상품의 설명만이라도 할 수 있게 해 주십시오."라고 말함으로 써 계기를 만든다. 그러면 고객은 설명을 듣는 정도는 괜찮겠지 싶어 '작은 승낙'을 한다.

그리고 다음 단계로 넘어가서 본래의 목적인 거래 교섭을 시작한다. 이때 고객이 '사지 않는 편이 좋을 것 같은데……'와 '큰 승낙'의 사이에서 주저하는 경우가 있는데, 그때 발동하는 것이 인지적 일관성의 원리다. 사람은 '작은 승낙'을 한 뒤에 '큰 승낙'을 하지 않으면 인지 부조화2)가 생겨 버리기 때문에 '큰 승낙'을 하는 쪽을 선택한다. 이 심리가 발동하면 고객은 최종적으로 상품의 구매를 결정하게 된다.

큰 요청을 거절한 죄책감이 만들어내는 구매 의지

112페이지에서 설명한 '머리부터 들이밀기 테크닉'도 세일즈 토크에 활용이 가능하다. 사람의 마음속에 생기는 '거절하면 미안한데……'라는 죄책감을 이용하는 것이다.

먼저, 거절당할 것을 전제로 한 '큰 요청'을 한다. 이를테면 "이 상품의 가격은 50만 엔입니다."라며 비싼 금액을 제시한다. 그리고 고객이 그 가격에 난색을 표시하면 "그렇다면 30만 엔은 어떤가요?"라며 본래의 금액을 '작은 요청'으로 제시하는 것이다.

어구 해설 ✎

---

2)　**인지 부조화** • 미국의 심리학자인 레온 페스팅거가 제창했다. 두 개의 모순된 생각이나 행동이 발생 했을 때 이를 해소하고자 비교적 바꾸기 쉬운 쪽을 변경하는 것을 의미한다.

처음의 '큰 요청'을 거절한 것에 죄책감을 느낀 고객은 그 후에 제시된 '작은 요청'을 받아들인다는 심리를 이용한 테크닉이다.

저렴한 가격으로 승낙을 얻어낸 다음 가격 상승을 노린다

124페이지에서 설명한 인지적 일관성의 원리는 '낮은 공 던지기[3]'라는 수법으로도 알려져 있다. 처음에 저렴한 가격을 제시해 고객의 구매 의욕을 자극하고, 구매 확약을 얻은 시점에 가격을 올리는 방법이다. 가령 200만 엔짜리 자동차를 구입하기로 결심했다고 가정하자. 그런데 영업 사원의 권유로 편리한 기능을 추가해 나가다 보니 가격이 최종적으로 250만 엔이 되어 버린 것이 아닌가? 이에 고민도 하지만, 결국 그 금액에 구입해 버린다. 이런 사례는 우리 주변에서도 종종 볼 수 있다.

이처럼 처음보다 금액이 상승해 버렸음에도 구입을 중지하지 않는 행위는 최초의 의지를 번복하는 것에 죄책감을 느끼는 인지적 일관성의 원리가 나타난 결과다.

이 심리 테크닉을 응용하면서 영업 활동을 전개하면 매출을 높일 수 있을 것이다. 그러나 가격으로 장난을 쳤다는 불신감을 고객에게 심어 버리면 역효과를 낳고 만다. 심리 테크닉을 활용하면서도 성실한 태도로 비즈니스를 하는 것이 중요하다.

어구 해설 ✍

3) **낮은 공 던지기** • 처음에 상대방이 승낙하기 쉬운 낮은 조건을 제시하고, 승낙을 얻어낸 뒤에 높은 수준을 제시하는 것. 받기 쉬운 낮은 공을 던지는 것에서 유래한 심리학 용어.

머리부터 들이밀기

50만 엔이에요

비싸네…

그러면 30만 엔으로 깎아 드릴게요

▶ 한 번 거절했다는 죄책감 때문에 가격을 받아들인다

낮은 공 던지기

50만 엔이랍니다

살게요!

옵션 포함해서 60만 엔이에요

▶ 최초의 구매 의사를 번복하는 것이 망설여져 비싸더라도 사고 만다

상품 프로모션에 활용되는 심리학

판매의 일환으로 실시하는 상품 프로모션에도 다양한 심리학을 활용할 수 있다. 63페이지에서 설명한 호의의 보답성이나 120페이지의 심리적 반발을 활용해 희소도[4]를 높이는 수법 외에 소비자 심리를 활용한 다양한 테크닉이 존재한다.

건강식품이나 건강 보조제의 광고에 의사나 영양사 등의 추천문이 실려 있는 경우가 있다. 이것은 인간이 권위[5] 있는 인물에게 복종하기 쉽다는 심리를 이용한 프로모션이다.

어구 해설

4) **희소도** • '희소(稀少)'란 수량이 적어서 드문 것을 가리킨다. '기간 한정', '10인분 한정' 등 수가 한정되어 있는 것을 강조해서 구매 의욕을 높인다.

5) **권위** • 지위가 높거나 지식 또는 기술 등이 뛰어나서 사회적 영향력이 있는 것.

또한 가격이 비싸다는 부정적인 정보를 일부러 제시하면서 높은 품질을 어필하는 수법도 있다. 이것을 '양면 제시[6]'라고 하는데, 의도적으로 긍정적인 측면과 부정적인 측면을 모두 전함으로써 고객의 신뢰도를 높이는 효과를 기대할 수 있다.

교섭을 유리하게 진행하기 위한 선수필승의 원칙

지금부터는 고객과 교섭할 때 활용할 수 있는 심리학을 해설하겠다. 교섭을 유리하게 진행하기 위한 원칙은 '선수필승'이다. 상대방보다 먼저 이쪽의 요구를 표명하면 교섭의 주도권[7]을 쥘 수 있는 것이다. 이것은 먼저 교섭 테이블에 올라온 요구가 그 거래에서 기준이 되기 때문이다. 예를 들어 이쪽은 30만 엔에 팔고 싶은데 상대방은 20만 엔에 사고 싶어 하는 상품이 있다고 가정하자. 그럴 경우, 교섭을 할 때 이쪽에서 먼저 "가격은 40만 엔입니다."라고 제시하면 이 거래의 기준이 40만 엔이 되기 때문에 상대방은 그 절반인 20만 엔까지 끌어내리기를 주저하게 되어 최종적으로는 중간인 30만 엔에 교섭이 성립된다.

미국 노스웨스턴 대학교의 애덤 갈린스키[8]가 실시한 조사에

어구 해설 ✏️

6) **양면 제시** • 상품을 소개할 때 가령 '오래 쓸 수 있다.'라는 장점과 '관리가 번거롭다.'라는 단점을 함께 제시함으로써 신뢰도를 높이는 것.

7) **주도권** • 솔선해서 발언, 행동 함으로써 타인을 선도하는 것. 영어로는 이니셔티브(Initiative)라고 한다.

8) **애덤 갈린스키** • 미국의 사회 심리학자. 컬럼비아 대학교 비즈니스 스쿨 교수. 프린스턴 학교에서 박사 학위를 취득했다.

서도 이를 뒷받침하는 결과가 나왔다. 어느 기업의 보너스 교섭에 관해 조사한 결과, 회사 측보다 먼저 희망 액수를 제시한 사원이 그러지 않은 사원보다 더 많은 보너스를 받았음이 밝혀진 것이다.

물론 이 선수필승의 원칙은 언제나 성공하는 것은 아니다. 그러나 설령 상대방의 요구대로 되었다 해도 이쪽에서 먼저 요구 사항을 제시해 놓으면 최종적으로는 상대방의 요구를 승인하는 형태가 되므로 이쪽이 유리한 위치에 설 수 있다.

의견이 있을 때는 먼저 제시하자

보너스로 500만 원을 받고 싶지만 어려울 것 같다고 느낄 경우

보너스는
300

하다못해 400은
받았으면 하는데요

선수를 치지 않았을 경우

보너스로
600은 받고 싶습니다!

600은 어려운데….
500은 어떻겠나?

선수를 쳤을 경우

▶ 선수를 치는 편이 자신의 의견을 관철하기 쉬울 뿐만 아니라,
상대방의 의견대로 하더라도 상대방에게 '양보를 받았다.'라는 빚을 지울 수 있다

불만이나 클레임에는 최대한 빠르게 대응하자!

사업을 하면서 고객의 불만이나 클레임을 피하기는 불가능하다. 그러나 대응하기에 따라서는 트러블로 발전하는 사태를 피할 수도 있다. 거래처나 고객이 불만을 품고 있음을 눈치 챘다면 신속하게 이야기를 들어 보는 것이 중요하다. 작은 불만이라도 시간이 커지면 커다란 클레임이 될 수 있다. 텍사스 대학교의 제임스 페니베이커[9]가 분석한 바에 따르면, 49퍼센트의 사람은 부정적인 감정을 겉으로 드러냄으로써 만족감을 얻는다고 한다. 불만의 싹은 아직 작을 때 뽑아 버리는 것이 최선책이다.

어구 해설 ⌀

9) **제임스 페니베이커** • 미국의 심리학자. 미국 심리학회상과 파블로프 학회상 외에 텍사스 대학교에서도 다수의 교육상을 수상했다. 또한 150개가 넘는 전문지에 글을 기고하고 있다.

DAY 18

30일 만에 배우는
심리학 수첩

심리학을 이용해 업무 처리 능력을 한 단계 발전시킨다

이론의 구조화, 객관시와 함께 발상력과 기억력을 충실히 한다

논리적 사고를 통해 논리적으로 생각하는 법을 익힌다

업무 내용과 일하는 방식이 다양해지고 있는 오늘날. 자신을 둘러싸고 있는 여러 가지 사항을 동시에 고찰해야 하는 시대가 되어 가고 있는데, 이런 상황 속에서 업무 처리 능력을 한 단계 발전시키기 위해서는 논리적 사고력[1]이 반드시 필요하다.

로지컬 싱킹이라고도 부르는 논리적 사고는 복잡하게 얽혀 있는 문제를 단순화해서 어떤 구조인지 파악하고 많은 사람이 공

어구 해설 🖊

[1]   **논리적 사고력** • 언어를 사용해 논리적으로 생각하는 힘, 논리정연하게 생각하는 힘을 가리킨다. 정보를 정리·분석하거나 복잡한 것을 명확히 하는 능력이다.

유할 수 있도록 이해하기 쉽게 제시하는 테크닉이다. 여기에서는 논리적 사고의 구체적인 수법을 소개하겠다.

피라미드 구조와 MECE를 이용해 사물을 구조적으로 이해한다

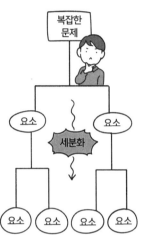

피라미드 구조의 개념

▶ 복잡한 문제를 제일 꼭대기에 놓고 이유나 결과를 요소로 나눠서 세분화해 나감으로써 구조화한다

비즈니스에서의 사고법으로서 활용 가능한 것으로 '피라미드 구조2)' 이론이 있다. 하나의 과제에 대한 결론과 근거를 피라미드 같은 계층으로 만들어서 구조적으로 이해하려 하는 시도다. 자신의 사고법으로 활용할 수 있을 뿐만 아니라 프레젠테이션이나 회의 등에서도 응용이 가능한데, 이때 함께 생각해야 할 것이 'MECE3)' 라고 부르는 이론이다. 정보를 그룹별로 나눌 경우는 누락이나 중복이 없어야 한다는 것으로, 대량의 데이터를 다룰 때 등에 도움이 되는 테크닉이다.

어구 해설 ✍

2) **피라미드 구조** • 하나의 과제를 위에서 아래로는 'Why So(어째서 그렇지)?'의 관계로 연결하고 아래에서 위로는 'So What(그래서)?'의 관계로 연결함으로써 피라미드의 구조로 생각하는 수법.

3) **MECE** • 'Mutually Exclusive Collectively Exhaustive'의 약자. 중복과 누락 없이 하는 것. 일어날 가능성이 있는 문제나 원인의 해결책을 모색할 수 있다.

발생한 문제를 객관시하는 메타인지

옆 페이지에서 소개한 피라미드 구조와 MECE 이외에, 심리학자인 앤 브라운과 존 플라벨이 제창한 메타인지(Metacognition)[4]라는 심리 테크닉도 있다.

이것은 지금 하고 있는 업무나 행동의 문제 또는 인식의 왜곡은 한 발 물러서서 객관적으로 인식하고 점검·모니터링할 때 해결책으로 이어진다는 이론이다. 복잡하고 해결의 실마리가 보이지 않는 문제가 발생하면 그 소용돌이에 휘말려 허우적거리기 쉬운데, 그럴 때일수록 냉정해지는 것이 중요하다. 소용돌이 속에서 한 발 빠져나와 문제를 거시적으로 파악하고 그 구조를 객관시하는 것이 포인트가 된다.

조해리의 창을 이용해 자신을 객관적으로 바라본다

한 단계 발전을 꾀하려면 비즈니스에서 일어나는 문제를 객관시할 뿐만 아니라 자신을 객관시하는 것도 중요하다.

여러분은 자신이 인식하고 있는 자신의 성격과 타인이 바라본 자신의 성격에 괴리가 있음을 느낀 적이 없는가? 자신은 덜렁대는 성격이라고 생각했는데 다른 사람에게 "신중파네요."라는 의외의 말을 들었던 경험은 누구에게나 있을 것이다. 이 현

어구 해설 🖋

[4] **메타인지(Metacognition)** • 지금 생각하고 있는 것, 행동하고 있는 것 등을 자신이 객관적인 시점에서 인식하는 것.

상에 대해 미국의 심리학자인 조셉 루프트와 해리 잉검[5]은 '대인 관계에서의 깨달음의 그래프 모델'이라는 이론을 구축했는데, 두 학자의 이름을 조합해 '조해리의 창(Johari's Window)[6]'이라고 부른다.

'조해리의 창'에서는 자신이 본 자신과 타인이 본 자신을 '알고 있는가, 알지 못하는가?'라는 기준에 따라 구분해 다음의 4가지 영역으로 분류했다.

조해리의 창

밝은 창	맹인의 창
자신도 타인도 알고 있는 측면	자신은 모르지만 타인은 알고 있는 측면
숨겨진 창	미지의 창
자신은 알고 있지만 타인은 알지 못하는 측면	자신도 타인도 깨닫지 못하고 있는 측면

▶ '밝은 창'을 넓히고 '숨겨진 창'을 줄이면 원활한 커뮤니케이션이 가능해진다

어구 해설

5) **조셉 루프트와 해리 잉검** • 미국 샌프란시스코 주립 대학교의 심리학자. 공동으로 연구한 '조해리의 창'은 두 사람의 이름을 조합해서 붙인 이름이다.

6) **조해리의 창(Johari's Window)** • 5)의 조셉 루프트와 해리 잉검이 제창한 '대인 관계에서의 깨달음의 그래프 모델'을 가리킨다. 자신을 어떻게 공개하고 또 은폐하느냐에 대한 모델이다.

이 4가지 영역은 자신과 타인의 커뮤니케이션에도 영향을 끼친다. 원활한 커뮤니케이션을 위해서는 '밝은 창'을 넓히고 '숨겨진 창'을 줄이는 것이 좋다고 알려져 있다. 자신의 생각이나 경험, 취미 등 자신의 상황을 상대방에게 드러내면 상대방은 자신을 호의적인 존재로 인식한다.

또한 '맹인의 창'이나 '미지의 창'은 타인이 자신을 봐 줄 때 비로소 열리는 부분이다. 비즈니스에서 한 단계 발전을 지향한다면 자신을 성장시켜 주는 타인의 존재가 반드시 필요한 것이다.

번뜩이는 영감은 신의 강림? 아하 체험의 수수께끼

문제를 해결하거나 기획을 입안할 때 갑자기 번뜩인 아이디어가 큰 효과를 발휘할 때도 있다. 심리학자인 볼프강 쾰러는 침팬지를 이용해 이에 관한 실험을 실시했는데, 짧은 막대를 사용해서 우리 밖에 놓인 바나나를 끌어 오려 했지만 막대가 닿지 않아 실패를 거듭하던 침팬지는 어느 순간 먼저 짧은 막대로 긴 막대를 끌어 온 다음 긴 막대로 바나나를 끌어 오는 방법을 알아냈다. 쾰러는 이처럼 침팬지에게도 갑자기 문제 해결 방법이 떠오르는 순간이 있다고 주장하고, 이것을 '통찰'이라 불렀다. 또한 카를 빌러는 이런 번뜩이는 영감을 '아하 체험[7]'으로 명명

어구 해설 ✐

7) **아하 체험** · '아, 그렇구나!'라고 번뜩이는 것. 뉴턴이 사과의 낙하를 보고 만유인력을 발견한 것도 아하 체험으로 생각된다. 뇌과학 분야에서도 주목받고 있다.

했다. 한편, 심리학자인 그레이엄 월러스는 영감의 번뜩임이 일어나는 창조적 사고에는 준비기, 부화기, 계시기, 검증기의 4단계가 있다고 주장했다. 번뜩이는 영감은 어느 날 갑자기 일어나는 것이 아니라 지식의 축적에 응용이 거듭되어서 발동한다는 결론을 내린 것이다. 즉, 번뜩이는 영감을 기다리기만 하지 말고 평소에 공부와 숙성을 꾸준히 하라는 의미다.

기억 능력을 높여서 스킬과 속도를 높인다

데이터 관리를 컴퓨터나 스마트폰이 대신 맡아서 해 주는 시대가 되었지만, 인간의 기억 능력은 여전히 중요하다. '그룹화 기억법', '이야기법' 등 심리학을 응용한 기억술[8]을 익혀 둬서 손해 볼 일은 없을 것이다.

'그룹화 기억법'은 기억하고자 하는 정보를 그룹별로 정리하고 매지컬 넘버[9]인 7±2의 청크(의미의 묶음)로 만들어 기억하는 방법이다. 정보를 9개 이하로 정리함으로써 단기 기억이 가능해진다. '이야기법'은 하나의 스토리를 만들어내고 그 스토리에 기억하고자 하는 것을 등장시키는 방법이다. 이것은 에피소드 기

어구 해설 🖊

8) **기억술** • 사물을 기억하기 위한 테크닉. 장소와 관련지어서 기억하는 '장소법', 기억하고 싶은 것을 양 손가락과 관련시키는 '양 손가락법' 등이 있다.

9) **매지컬 넘버** • 인지 심리학에서 사람이 순간적으로 기억할 수 있는 수는 7개 플러스마이너스 2개라는 것. 요컨대 한 번에 기억할 수 있는 것은 5~9개로 알려져 있다.

10) **에피소드 기억** • 경험한 것을 그때의 다양한 부수 정보와 관련지어서 기억하는 것. 경험했을 때의 환경, 시간, 상대, 감정, 몸의 상태 등이 부수 정보가 된다.

억¹⁰⁾이라는 심리학과 뇌과학의 이론을 발전시킨 것이다. 에피소드 기억이란 경험한 일을 그때의 다양한 부수 정보와 관련지어서 기억하는 것이다.

편리한 단말기에 의존하지만 말고 자신의 뇌에 기억시킬 수 있다면 업무 스킬과 속도의 향상도 기대할 수 있을 것이다.

3

쌍둥이는 내면도 닮았을까?

유전자 정보가 다른 이란성 쌍둥이는 그다지 닮지 않은 경우도 있지만, 유전자 정보가 같은 일란성 쌍둥이는 당연히 겉모습이 거의 똑같다. 그러나 얼굴은 닮았지만 성격은 전혀 다른 쌍둥이도 많다. 그 이유는 무엇일까?

사실 쌍둥이의 성격에 관한 연구는 오래전부터 실시되어 왔다. 과거의 연구자들도 겉모습이 똑같은데 성격은 다르다는 데 흥미를 품었던 것이다.

연구자들이 일란성 쌍둥이와 이란성 쌍둥이의 성격을 조사한 결과, 함께 자랐든 태어나자마자 서로 떨어져서 자랐든 '상냥하다.', '배려심이 있다.' 등의 기본적인 기질은 닮았음이 판명되었다. 그런 기질에는 생육 환경이 아니라 유전적인 요소가 크게 영향을 끼치는 것이다.

　그런데 한편으로는 같은 환경에서 자란 쌍둥이보다도 각기 다른 환경에서 자란 쌍둥이가 지능이나 사교성, 성격적인 특징에 일치점이 많았다고 한다.

　왜 그런 것일까? 이와 관련해 생각할 수 있는 이유로는 주위에 자신과 똑같이 생긴 사람이 있을 경우 정체성을 확립시키기 위해 서로 자신의 독자성을 주장한 결과 성격의 차이가 강조되었다는 것이 있다. 또한 태어난 순서에 따라 형, 오빠, 언니, 누나, 동생 등의 꼬리표가 붙고 그 꼬리표대로 대우를 받으면서 개개인에게 '형, 오빠, 언니, 누나, 동생으로서의 의식'이 형성되었다는 점도 있을 것이다.

　요컨대 신기하게도 쌍둥이는 떨어져 있을수록 외모뿐만 아니라 내면도 닮아 가며, 가까이 있을수록 내면에는 차이가 생겨나는 것이다.

연애 감정은
왜 생겨날까?

간단 요약

첫눈에 반하는 것도 변심하는 것도 본능,
전부 심리학적으로 해명되었다

연애 감정이 생겨나는 4가지 요인

이번에는 연애의 심리학을 고찰해 보자. 제일 먼저 생각해 볼
것은 사람은 어떤 때 연애 감정을 품게 되느냐는 의문이다. 심
리학에서는 다음의 4가지 요인이 있다고 보는 것이 정설이다.

① **환경 요인**　계속 얼굴을 마주하는 사이에 호감을 품는다.

② **생리적 각성**　공포나 불안감을 느꼈을 때 친화 욕구[1]가 생
　 긴다.

어구 해설 ✎

1)　**친화 욕구** • 자신의 편이 되어 주는 사람, 자신과 닮은 사람, 자신을 좋아해 주는 사람에게 가까이
　　다가가고, 협력하며, 애정을 교환하는 것. 심리학자인 헨리 머레이가 정의했다.

③ **개인적 특성** 상대방의 용모, 성격, 능력 등을 좋게 생각한다.

④ **유사성** 생각이나 자라난 환경, 취미 등이 비슷하다.

이런 요인에서 사람은 타인에게 매력을 느끼게 되는데, 심리학에서는 이것을 '대인 매력[2]'이라고 부른다.

자신의 외모와 동등한 상대를 선택한다 — '매칭 가설'

세상의 부부나 커플을 살펴보면 분위기에 상사성(相似性)[3]이 있거나 패션 또는 라이프스타일의 취향이 같은 사람들인 경우가 많은데, 심리학자인 버나드 머스타인은 이 현상에 대한 검증을 실시했다. 그는 커플 99쌍의 사진을 피험자에게 보여주고 외모가 서로 어울린다고 생각하는 사진과 어울리지 않는다고 생각하는 사진을 점수로 평가하게 했다. 그러자 서로 어울린다고 생각하는 커플은 60쌍, 어울리지 않는다고 생각하는 커플은 39쌍이라는 결과가 나왔다.

여기에서 알 수 있는 사실은 외모의 수준이 높은 사람은 같은 수준의 외모를 지닌 상대방에게 매료되며, 외모가 평균적인 사람은 평균적인 외모의 상대에게 매료된다는 것이다. 머스타인

어구 해설 ✎

[2] **대인 매력** • 사람이 타인에게 품는 긍정적 또는 부정적인 자세. 호·불호, 가까이 하고 싶다, 피하고 싶다 같은 감정이나 행동으로 나타난다.

[3] **상사성(相似性)** • 형태나 성질이 비슷한 것.

은 이것을 '매칭 가설[4]'이라고 명명하고, 사람은 자신의 신체적 매력에 걸맞은 상대를 파트너로 선택한다는 이론을 제창했다. 그러나 세상에는 외모의 균형이 맞지 않는 커플도 존재한다. 이것은 외모뿐만 아니라 성격, 능력, 지위, 경제력 등도 포함해서 상대방의 매력을 판단하기 때문이다.

만약 엄두도 내지 못할 만큼 외모가 아름다운 사람을 사랑하게 되었다면 외모뿐만 아니라 내면을 갈고닦음으로써 균형을 맞출 수 있도록 노력해 보자.

매슬로의 욕구 5단계 가설과 연애 감정의 발현

사람의 마음에 연애 감정이 싹트는 구조를 좀 더 해명해 나가자. 이것을 이론적으로 해명한 사람은 미국의 심리학자인 에이브러햄 매슬로[5]였다. 매슬로는 사람이 지니고 있는 욕구에는 5단계[6]가 있다는 가설을 세웠다.

① 생리적 욕구

식욕, 수면욕 등 살아가기 위해 필요한 욕구.

어구 해설 ✎

4) **매칭 가설 •** 인간은 신체적 매력이 걸맞은 사람을 파트너로 선택한다는 가설. 커플 99쌍의 사진을 보여주고 신체적 매력을 점수로 평가하게 한 결과, 2명의 점수 차이가 0.5 이하인 커플은 60쌍, 초과는 39쌍이었다.

5) **에이브러햄 매슬로 •** 미국의 심리학자. 자기실현이나 창조성 등을 연구했다. 1908~1970년.

6) **5단계 •** 에이브러햄 매슬로가 제창한 자기실현 이론. 제1~2단계는 신체의 욕구이고, 제3~4단계는 마음의 욕구이며, 이 욕구들이 충족되면 제5단계인 성장 욕구가 나타난다고 주장했다.

② 안전 욕구

　신체의 안전, 안정을 확보하고 싶다는 욕구.

③ 소속 욕구

　가족, 연인, 친구 등 자신 이외의 타인에게 애정을 갈구하는 욕구.

④ 승인(존중) 욕구

　자신의 존재를 인정받고 싶다, 머무를 곳을 확보하고 싶다는 욕구.

⑤ 자기실현 욕구

　나다움을 실현하고 싶다, 나답게 살고 싶다는 욕구.

　매슬로는 이 5단계설에서 인간은 자기실현을 향해 성장해 나가는 동물이라는 가설을 세웠다. 제1단계인 생리적 욕구가 충족되면 제2단계인 안전 욕구로 이행하고, 이것도 보장이 되면 제3단계인 소속 욕구로 이행하며, 이렇게 해서 승인 욕구[7], 자기실현 욕구[8]로 점점 나아간다는 것이다.

　여기에서도 알 수 있듯이, 사람은 생리적 욕구와 안전 욕구 같은 살아가는 데 필요한 최소한의 욕구가 충족되면 제3단계로

어구 해설 ✎

[7]　**승인 욕구** • 에이브러햄 매슬로의 욕구 5단계설에서 제4단계의 욕구. 타인으로부터 인정받고 싶다, 존경받고 싶다는 욕구로, 이 욕구를 방해받으면 열등감, 무력감으로 이어지기도 한다.

[8]　**자기실현 욕구** • 에이브러햄 매슬로의 욕구 5단계설에서 제5단계의 욕구. 인생을 살면서 이렇게 하고 싶다, 이렇게 되고 싶다고 바라는 욕구. 가능성의 추구나 창조성의 발휘도 포함된다.

서 소속 욕구가 발동해 애정 감정이 생겨난다. 요컨대 타인을 좋아하게 되는 마음, 연애 감정은 본능이 원하는 것이라는 말이다.

타인을 사랑하다 마음에 상처를 받고 실연의 아픔을 겪더라도 또 다른 누군가를 좋아하게 되는 마음의 구조는 말하자면 본능이다. 인간은 평생 이 감정에서 벗어날 수 없는지도 모른다.

연애는 자연스러운 욕구

① 생리적 욕구 ③ 소속 욕구 ⑤ 자기실현 욕구

② 안전 욕구 ④ 승인 욕구

▶ 사람은 ①, ②가 충족되면 자연스럽게 연애를 원하게 된다

외적 매력을 증명한 프랑스의 실험

다음으로 연애에서 일어나는 '변심'에 대해 생각해 보자. 처음 만난 사람에게 호의를 품는 데는 역시 외모의 첫인상이 큰 영향을 끼친다. 아름다운 여성이나 잘생긴 남성을 보면 아무래도 마음을 빼앗길 수밖에 없는데, 심리학에서도 사람은 '외적 매력[9]'

어구 해설 🖋

9) **외적 매력** • 외모의 아름다움, 귀여움, 멋짐 등.

이 있는 상대의 내면까지 높게 평가한다는 사실이 밝혀졌다. 프랑스에서는 남성 면접관 400명에게 여성 280명의 사진이 첨부된 이력서를 보여주고 여성들의 내면을 상상하게 하는 실험을 실시했는데 남성 면접관들은 대체적으로 아름다운 얼굴의 여성이 '틀림없이 성격도 좋을 것'이라고 예상했다. 아름다운 여성의 내면에 대한 기대치는 아름답지 않은 여성의 7배에 이르렀다고 한다.

미남 미녀는 손해를 본다?

틀림없이 성격도 좋을 거야

미남 미녀

미남 미녀는 외모의 영향으로 내면에 대해서도 높은 기대를 받는다

▶ 일반적인 외모의 사람들보다 평가도 낮아지기 쉽다

마음이 식는 로스 효과와 점점 더 좋아하게 되는 게인 효과

이처럼 첫인상으로 상대방을 높게 평가하는 것을 '후광 효과' (61페이지 참조)라고 부른다. 후광 효과는 이후의 연애 감정으로 이어질 가능성도 있지만, 실효성을 유지하는 기간은 그다지 길지 않다. 교제를 계속하는 사이에 점차 후광 효과가 희박해지는 것이다.

안타깝게도 첫인상의 후광 효과가 클수록 상대방의 사소한 결점이 눈에 밟히고 작은 언동에 혐오감을 느끼게 되며, 그 결과 상대방에 대한 평가가 크게 떨어지고 만다. 이것이 바로 '변심'인데, 심리학에서는 '로스 효과(Loss Effect)[10]'라고 부른다.

반대로 첫인상의 후광 효과가 그다지 크지 않았을 경우는 상대방의 좋은 측면이 조금씩 보이게 되면서 서서히 평가가 높아지며, 이것을 '게인 효과(Gain Effect)[11]'라고 부른다. 요컨대 설령 자신의 겉모습에 자신감이 없더라도 오히려 그것을 기회라고 생각하고 게인 효과로 이미지를 상승시키는 작전 또한 가능한 것이다.

연애 중에 상대방의 태도가 갑자기 변했다면 그것은 '로스 효과'가 일어났기 때문이라고 객관적으로 판단하자. 이유가 뭐냐며 닦달한들 달라지는 것은 없다. 심리학을 이용해서 자신의 마음이 그 이상 상처 받지 않도록 방어하는 것도 하나의 방법이다.

어구 해설 ✐

10) **로스 효과(Loss Effect)** • 후광 효과로 상대방에게 높은 평가를 했을 경우, 사소한 일로 환멸을 느끼거나 이미지가 나빠져서 점차 평가가 떨어지는 것.

11) **게인 효과(Gain Effect)** • 후광 효과로 상대방에게 낮은 평가를 했을 경우, 사소한 긍정적 측면도 평가가 높아지는 요인이 되어서 점차 좋은 인상을 받게 되는 것.

DAY 20

30일 만에 배우는
심리학 수첩

마음에 두고 있는 사람이
자신을 의식하게 만드는 방법

간단 요약

자신의 존재를 상대방에게 보여주고
마음을 움직이는 커뮤니케이션을 꾀한다

얼굴을 마주해서 호의를 품게 한다 — '단순 접촉의 원리'

만약 마음에 두고 있는 사람이 있다면 사회 심리학자인 로버트 자이언스[1]가 제창한 '단순 접촉 효과[2]'를 활용해 보기 바란다. 자이언스는 실험을 통해 인간은 얼굴을 계속 마주할수록 상대방에게 호감을 느낀다는 사실을 증명했다. 실험 방법은 사람들에게 일면식도 없는 타인의 얼굴 사진을 보여주는 것이었는데, 보여주는 횟수를 0회, 1회, 2회, 5회, 10회, 25회로 늘려 나

어구 해설 ✍

1) **로버트 자이언스** • 미국의 사회 심리학자. 사회와 인지(認知)에 대해 심리학적으로 탐구했다. 1923 ~2008년.

2) **단순 접촉 효과** • 접촉 횟수가 많을수록 상대방에 대한 호감도가 높아진다는 심리학적 효과. 사회 심리학자인 로버트 자이언스가 제창해서 '자이언스 효과'라고도 부른다.

가면서 어떤 사진의 사람에게 호감을 느끼는지 조사한 결과 사진을 보여준 횟수가 많을수록 호감도가 높아졌다.

자신에게 흥미를 가져 주기를 바란다면 어떻게든 얼굴을 마주칠 기회를 늘려야 한다. 일단은 인사나 잡담부터 시작해 보자.

호감을 표시하면 호감이 돌아온다

63페이지에서도 설명한 '호의의 보답성'은 연애에서 특히 그 효과를 기대할 수 있다. 사람은 상대방이 자신에게 호감을 보이면 자신도 호감을 갖는 경향이 있다. 미국의 심리학자인 아서 아론은 교제를 갓 시작한 대학생을 대상으로 어떤 타이밍에 상대방에게 연애 감정이 생겼는지 조사했다. 그 결과 '상대방이 자신에게 호감을 품고 있음을 알았을 때, 고백 받았을 때'라는 대답이 90퍼센트에 이르렀다고 한다. 누군가가 자신에게 호감을 보이는데 기분이 나빠지는 경우는 별로 없다. 마음을 솔직하게 드러낼 때 다음 문이 열리는 것이다.

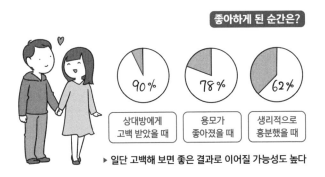

좋아하게 된 순간은?

90% 상대방에게 고백 받았을 때
78% 용모가 좋아졌을 때
62% 생리적으로 흥분했을 때

▶ 일단 고백해 보면 좋은 결과로 이어질 가능성도 높다

자신의 사적인 정보를 공개함으로써 더욱 친밀해진다

호의의 보답성(63페이지)은 '자기 개시'를 통해 더욱 효과를 발휘한다. 자기 개시란 자신의 생각이나 사적인 정보 등을 상대방에게 표명하는 것이다.

어윈 알트만과 달마스 테일러는 '사회 침투 이론[3]'에서 자기 개시가 두 사람의 친밀도를 깊게 만든다고 제창했다. 그리고 친밀해질수록 자기 개시되는 정보의 폭이 넓어지며 깊이도 증가한다고 주장했다.

또한 마케팅 이론으로 활용되는 '하드 투 겟 테크닉'도 함께 사용하면 자기 개시의 효과를 더욱 높일 수 있다고 한다.

이것은 "입수하기 어려운 것을 당신에게만 제공했다."라고 말함으로써 상대방의 신뢰를 얻는 테크닉인데, 연애 초기 단계에서는 "너한테만 털어놓는 고민이 있는데……."라고 말을 걸면 같은 효과를 얻을 수 있다. 상대방은 '입수하기 어려운 것을 나한테만 제공해 줬구나.'라는 생각이 들어서 더욱 친밀한 관계를 쌓으려 할 것이다.

마음에 두고 있는 상대와 대화할 기회가 생겼는데 흔해 빠진 날씨 이야기나 의미 없는 잡담만 하는 것은 너무 아깝다. "사실은 말이지……."라며 숨겨 놓았던 속마음을 말해 보자.

어구 해설 ✎

[3] **사회 침투 이론** • 처음에는 표면적인 자기 개시로 시작해, 친해질수록 더 깊은 자기 개시로 변화해 간다는 이론. 연애 관계는 서로에게 자기 개시가 깊게 침투하는 과정이라고 한다.

도와주는 사람의 마음속에 연애 감정이 싹트는 신기한 심리

누군가를 좋아하게 되면 그 사람을 돕고 싶다는 생각이 들기 마련인데, 이 심리를 역이용하면 상대방의 관심을 끌 수 있다. 이것은 레온 페스팅거[4]가 '인지 부조화'라고 부른 심리를 응용한 테크닉으로, 이쪽을 돕게 함으로써 상대방에게 연애 감정이 싹트게 하는 것이다. 왜 그렇게 되는 것일까? 그것은 상대방의 마음속에 있는 '좋아하지도 않는 사람을 돕지는 않는다.'라는 감정과 '지금 다른 사람을 돕고 있는 나는 훌륭해.'라는 감정 사이에 모순이 생겨 '인지 부조화'가 일어나기 때문이다. 그래서 이를 수정하려는 마음의 작용으로 '나는 저 사람을 좋아하기 때문에 돕고 있는 거야.'라고 생각하게 되는 것이다.

상대방의 마음을 이쪽으로 향하게 하는 방법

부탁해!

알았어

A씨

'나는 A씨를 좋아해.'라고 생각하게 된다

인지 ① A씨를 돕고 있다
인지 ② 싫어하는 상대를 돕지는 않는다
▼
인지 부조화를 해소하고 싶다

어구 해설 ✎

4) **레온 페스팅거** • 미국의 심리학자. 그가 제창한 인지 부조화 이론은 학계에 지대한 영향을 끼쳤다. 1919~1989년.

자기 평가가 저하된 상대에게는 의지할 수 있는 자신을 어필한다

마음에 두고 있는 사람이 우울해졌거나 기운을 잃은 모습이 보인다면 말을 걸어 보기 바란다.

'자존 이론[5]'이라고 부르는 심리학 이론에 따르면 사람은 업무나 일상생활이 좋은 방향으로 진행되고 있을 때는 자기 평가가 높아졌다고 생각하지만, 업무가 원활히 진행되지 않거나 고민 등으로 풀이 죽었을 때는 자기 평가가 낮아진다. 그리고 상대적으로 자기 평가가 높을 때는 상대방에 대한 평가가 낮아지지만, 자기 평가가 낮을 때는 상대방에 대한 평가가 높아진다고 한다.

요컨대 상대방이 고민을 안고 있거나 기운을 잃었을 때 "무슨 일 있었어?", "내가 힘이 되어 줄게."라며 돕고 싶다는 마음을 표현한다면 상대방에게는 이쪽이 매력적인 인물로 보이게 된다는 말이다.

또한 사람은 불안감이나 걱정이 심해지면 마음의 안정을 얻을 수 있는 상대에게 다가가고 싶다는 '친화 욕구'가 발동한다.

자존 이론과 친화 욕구라는 2가지 심리 테크닉을 활용해, 마음에 두고 있는 상대가 기분이 우울해졌다면 '마음 든든한 사

어구 해설 🖊

5) **자존 이론** • 사람은 우울해졌을 때나 고민이 있을 때 상대방에 대한 평가가 높아져서 연애 감정을 품는다는 이론. 미국의 심리학자인 일레인 햇필드가 증명했다.

람이구나.', '의지가 되는 사람이구나.'라고 느낄 수 있도록 마음
을 안심시키는 말을 해 보자.

두근거리는 느낌을 공유해 연애 감정을 자극한다

연애 감정이 있는 상대에게는 가슴이 두근거리기 마련인데,
이것은 생리적인 흥분 상태에서 일어나는 현상으로 생각된다.
그런데 이와는 반대로 가슴이 두근거리는 생리적 흥분 상태가
발생하면 상대방에게 연애 감정이 생긴다는 설도 있다. 이것을
'정서의 2요인설[6]'이라고 부른다. 다시 말해 '상대방의 가슴을
두근거리게 하면 상대방이 착각해서 사랑에 빠질 가능성이 높
아진다.'라는 것으로, '흔들다리 효과[7]'라고도 한다. 심리학자인
도널드 더튼과 아서 아론은 실험을 통해, 출렁이는 흔들다리를
건너며 가슴이 두근거렸던 남성의 절반이 그곳에서 만난 여성에
게 호감을 느꼈다는 결과를 얻었다.

상대방과 친밀한 관계를 쌓고 싶다면 가슴이 뛰는 경험이나
공포심을 느끼는 경험을 공유할 것을 권한다.

어구 해설 ✎

6) **정서의 2요인설 •** 희로애락 같은 감정에는 신체적인 가슴의 두근거림과 그것이 어떤 상황에서 일어
났느냐는 2개의 요인이 필요하다는 이론. 심리학자인 스탠리 샤흐터 등이 제창했다.

7) **흔들다리 효과 •** 출렁이는 흔들다리에서는 피험자의 약 50퍼센트가 설문조사를 구실로 접근한 여
성에게 나중에 연락을 했지만, 흔들리지 않는 다리에서는 피험자의 12퍼센트만이 연락을 했다는 유
명한 실험.

▶ 공포심에서 생긴 두근거림을
  상대방에 대한 두근거림으로 착각한다

▶ 공포심이 느껴지지 않기에
  연애 감정을 느끼는 일도 딱히 없다

단체 미팅에서 활용할 수 있는 심리학

간단 요약

포지셔닝과 대화를 통해 경쟁자들보다
한 발 앞서 나간다

나란히 앉을 때는 상대 쪽에서 봤을 때 제일 오른쪽을 확보한다

연애의 계기를 만드는 미팅. 남녀 여러 명이 테이블을 사이에 두고 앉아서 하게 되는데, 이때 앉는 자리를 적당히 골라서는 안 된다. 심리학에서 유리하다고 여기는 위치가 있기 때문이다. 심리학자인 리처드 니스벳[1]과 티모시 윌슨[2]의 주장에 따르면 사람은 시선을 왼쪽에서 오른쪽으로 이동시키는 경향이 강하며, 눈앞에 늘어서 있는 물건을 볼 때 왼쪽에서 오른쪽의 순

어구 해설 🖉

1) **리처드 니스벳** • 미국의 사회 심리학자. 사회적 인지나 문화, 사회 계급 등에 주목한 연구로 유명하다. 1941년~.

2) **티모시 윌슨** • 미국의 사회 심리학자. 자기 인식이나 의사 결정, 선택에 심층 심리가 끼치는 영향 등의 연구로 유명하다.

서로 보고 제일 마지막에 본 것을 가장 강렬하게 기억한다. 이것은 나란히 앉아 있는 사람을 볼 때도 마찬가지다. 왼쪽에서 오른쪽으로 시선을 옮기며, 마지막으로 본 사람을 가장 강렬하게 인식한다. 요컨대 상대방이 봤을 때 오른쪽 끝에 앉아 있는 사람의 인상이 강하게 남는 것이다. 이 현상을 '친근 효과[3]'라고 부른다.

▶ 관심이 가는 상대가 봤을 때 가장 오른쪽에 앉는다

앉는 순서를 의식한다

1 대 1일 때는…

▶ 마주 보고 앉지 말고 옆에 앉는다

단체 미팅일 때는…

서로를 깊게 이해하고 싶다면 옆에 앉아라

마음에 두고 있는 상대와 단둘이서 이야기할 기회를 얻었다면 앉는 테이블에도 신경을 쓰기 바란다. 미국의 심리학자인 스틴저[4]는 정면에 앉은 상대와는 서로 반발할 가능성이 높으며,

어구 해설 ✎

3) **친근 효과** • 사람은 제일 마지막에 접한 정보를 가장 강렬하게 기억하며, 받는 인상도 그 정보에 좌우되기 쉽다는 심리적 작용. 미국의 심리학자인 노먼 H. 앤더슨이 제창했다.

4) **스틴저** • 미국의 심리학자. 회의에서 앉는 순서나 발언을 연구한 '스틴저 이론'으로 유명하다.

반대로 옆에 앉은 사람에게는 공감이 싹터서 동조하게 된다고 주장했다. 따라서 2명이 대화를 즐길 때는 카운터석이나 2명이 함께 앉을 수 있는 소파가 있는 가게를 고르는 것이 정답이다.

또한 속마음을 이야기할 기회를 얻었다면 90도 각도로 앉을 것을 추천한다. 카운슬링 등에서 사용되는 이 배치는 쌍방의 이해를 깊게 하고 싶을 때 최고의 포지션이다.

재미있는 질문, 의외의 질문으로 상대방의 마음을 사로잡는다

미팅을 할 때는 심리학을 이용하면 경쟁자들을 제치고 관심을 한 몸에 받을 수 있다. 그 비결은 뻔한 이야기만 하지 말고 '재미있다.', '의외다.'라는 생각이 드는 질문을 중간 중간에 끼워 넣는 것이다.

심리학자인 리처드 와이즈먼[5] 등은 스피드 데이트[6]라고 부르는 방법으로 실험을 실시했다. 남녀 50명씩을 모아서 각각 3분을 주고 계속해서 상대를 바꿔 가며 대화를 시킨 것이다. 그런 다음 대화의 내용과 상대방에 대한 평가를 조사했다.

그 결과 가장 높은 평가를 받은 남성은 상대방에게 "자신과 닮았다고 생각하는 아이돌은 누구죠?"라는 질문을 했다. 또한

어구 해설 ✐

5) **리처드 와이즈먼** • 잉글랜드의 심리학자. 프로 마술사로 활약한 뒤, 심리학자로도 유명 인물이 되었다. 초상현상을 해명하는 연구로도 유명하다. 1966년~.

6) **스피드 데이트** • 남녀 참가자가 1 대 1로 몇 분 정도 대화한 다음 상대를 바꿔서 다시 대화하기를 반복해 참가자 전원과 이야기를 나눈 다음 상대를 결정하는 연인 찾기 방법.

가장 인기가 많았던 여성은 "자신을 피자 토핑에 비유하면 뭐라고 생각하나요?"라는 질문을 한 인물이었다. 반면에 무슨 일을 하고 있느냐는 등의 뻔한 질문이나 자기 자랑을 한 사람들은 평가가 낮았다고 한다.

이 실험에서 알 수 있는 사실은 미팅에서는 상대방을 즐겁게 하는 질문을 해서 대화를 화기애애하게 만드는 것이 중요하다는 것이다. 재미있는 이야기를 하면서 자신에 관해 알리려고 노력하는 상대에게 불쾌함을 느끼는 사람은 없다. 실수로라도 직업이나 수입, 지위 등을 자랑하는 일은 없도록 하자. 분위기를 망칠 뿐이다.

1인칭으로 대화를 하고 있다면 호감이 있다는 신호

누구나 미팅에서 상대방이 자신을 어떻게 생각하는지 명확히 알고 싶어 하시만, 좀처럼 쉽지 않은 것이 현실이다. 그러나 상대방의 사소한 언동에 힌트가 숨어 있을 때가 있다. 미국에서 발표된 한 논문에 따르면, 남성은 호감이 있는 여성과 대화를 할 때 1인칭[7]을 많이 사용한다고 한다. 그렇다면 여성이 "맛있는 음식점을 알고 있는데, 저하고 같이 갈래요?"라든가 "제가 일이 바빠서……."와 같이 1인칭으로 이야기를 할 때도 역시 상

어구 해설 ✐

7) **1인칭** • 가령 "내일 같이 밥 먹지 않을래?"가 아니라 "내일 나하고 밥 먹지 않을래?"와 같이 굳이 1인칭으로 말했다면 자기 어필의 심리가 발동했을 가능성이 높다.

대 남성에게 호감이 있다고 해석할 수 있을 것이다.

말할 때 "내가~.", "제가~." 등 1인칭을 사용한다면 상대방의 관심을 끌려고 하는 심리일 경우가 많다. 이것은 무의식중에 자기 어필을 하기 때문이라고 한다. 반대로 "친구가~."와 같이 타인을 주어로 이야기를 할 경우는 상대방에게 큰 관심이 없을 가능성이 높다.

또한 식사를 할 때 여성이 먹는 양이 적다고 느꼈을 경우도 이쪽에 호감이 있다고 해석할 수 있다. 소식=여성다움이라는 이미지 때문에 남성 앞에서는 소식을 하는 여성이 많다는 것은 실험에서도 밝혀진 사실이다. 물론 음식을 하나도 남기지 않고 맛있게 먹는 여성의 모습도 사랑스럽지만, 이 경우는 이쪽을 친구로 생각하거나 완전히 마음을 줬거나 둘 중 하나일 것이다.

자신과 상대방과 취미로 삼각형을 그리는 인지적 균형 이론

미팅에서 알게 된 상대와 더욱 깊은 관계가 되고 싶다면 상대방의 취미가 무엇인지, 무엇을 좋아하는지, 무엇에 흥미가 있는지 파악해 두기 바란다. 그리고 그것이 자신의 취향과 일치한다면 두 사람의 관계는 좋은 방향으로 향할 확률이 높다고 할 수 있다. 미국의 심리학자인 프리츠 하이더[8]는 자신과 상대방과

어구 해설 ✍

---

8) **프리츠 하이더** • 오스트리아 출신의 사회 심리학자. 법학과 의학, 건축학을 공부한 뒤 그라츠 대학교에서 학위를 취득했다. 그의 균형 이론과 귀속 이론은 후세 사회 심리학자들의 지침이 되었다. 1896~1988년.

취미라는 3요소의 균형을 나타내는 '인지 균형 이론[9]'을 구축했다. 이것은 3요소를 삼각형이 되도록 배치하고 생각하는 이론이다. 각각의 관계성이 호의적으로 연결되어 있으면 +(플러스), 부정적으로 연결되어 있으면 −(마이너스)로 놓았을 때 세 가지를 곱한 결과가 +(플러스)가 되지 않는다면 불쾌함을 느낀다는 것이다.

예를 들어 자신은 축구를 좋아하지만 상대는 축구에 흥미가 없을 경우, 상대방과 축구의 관계는 −(마이너스)가 된다. 그런데 만약 두 사람 모두 영화 감상을 좋아한다면 축구 대신 영화 감상을 배치함으로써 모든 관계를 +(플러스)로 만들어 안정적인 관계성을 형성할 수 있다. 상대방을 좋아한다면 공통의 취미를 찾아서 안정적인 삼각형을 만들도록 노력하기 바란다.

상대방과 자신과 '제삼자'의 관계를 안다

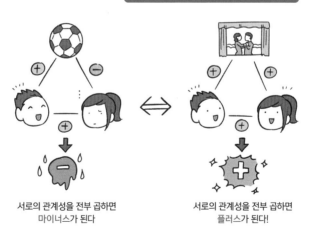

서로의 관계성을 전부 곱하면
마이너스가 된다

서로의 관계성을 전부 곱하면
플러스가 된다!

공통의 취미를 찾아내 심리적 보수를 얻는다

이것은 '심리적 보수·심리적 부담[10]' 이론으로도 설명이 가능하다. 사람은 금전적·물질적인 것 이외에 행복감이나 충실감, 성취감, 기쁨 같은 심리적 보수도 원한다. 이것을 느끼지 못하면 심리적 부담이 커지는 것이다. 가령 축구에 흥미가 없는 상대를 축구 경기장에 데려갔다고 가정하자. 상대는 축구를 즐기지 못하며 이쪽도 심리적 보수를 얻지 못하기 때문에 심리적 부담만 남게 된다. 그러나 함께 영화를 보러 간다면 두 사람 모두영화를 즐길 수 있으므로 심리적 보수를 얻게 된다. 이것을 '사회 교환 이론[11]'이라고 부른다. 공통의 취미는 하나만 있으면 된다. 그 한 가지 취미를 두 사람이 어떻게 즐기느냐가 관계성에도 영향을 끼친다.

어구 해설 ✎

9) **인지 균형 이론** • '+' 3개나 '+' 1개와 '-' 2개는 곱하면 '+'가 되므로 균형이 안정적이라고 할 수 있지만, '+' 2개와 '-' 1개는 곱하면 '-'가 되므로 불안정해진다는 이론.

10) **심리적 부담** • 재미없다, 하고 싶지 않다 같은 감정을 가리킨다.

11) **사회 교환 이론** • 돈이나 서비스, 또는 인사나 애정, 반응 등 무엇인가의 교환을 통해서 인간관계가 성립한다고 생각하는 이론.

DAY 22

30일 만에 배우는
심리학 수첩

연애 관계·부부 관계를
오래 지속하는 비결

간단 요약

중요한 것은 애정의 균형
너무 무거워도, 너무 가벼워도 좋지 않다!

친밀성·열정·커미트먼트로 구성되는 사랑의 삼각형 이론

두 사람의 마음이 통해서 시작된 관계라도 시간이 지나면 관계성에 변화가 나타나기 마련이다. 연애 관계나 부부 관계를 오래 지속하려면 어떻게 해야 할까?

심리학자인 로버트 스턴버그[1]는 연애의 형태에 관해 '사랑의 삼각형 이론[2]'을 제창했다. 이 이론에 따르면 연애는 친밀성, 열

어구 해설 🖊

1) **로버트 스턴버그** • 미국의 심리학자이자 심리 측정사. 예일 대학교에서 학생들을 가르쳤다. 지성, 창조성, 지혜를 주제로 연구를 거듭하고 있다. 1949년~.

2) **사랑의 삼각형 이론** • 스턴버그가 제창한 이론. 사랑에는 완전한 사랑, 좋아함, 열정적 사랑, 공허한 사랑, 낭만적 사랑, 우애적 사랑, 허구적 사랑, 사랑이 아님이라는 8가지 유형이 있다는 것.

정, 커미트먼트[3]라는 3요소로 구성되어 있다고 한다. 친밀성은 두 사람의 애정이나 친근감의 깊이를 나타내는 감정적 요소다. 열정은 신체적·성적 욕구의 강함을 나타내며, 연애 관계가 발전해 나가기 위한 동기적 요소를 가리킨다. 마지막으로 커미트먼트는 두 사람이 얼마나 깊은 관계이며 떨어질 수 없다고 생각하는지를 나타내는 인지적 요소다.

스턴버그는 이 3요소를 아래의 그림처럼 삼각형으로 배치하고 각각의 강약의 균형에 따른 8가지 애정 유형을 이끌어냈다. 애정 유형이 일치하면 연애 관계나 부부 관계가 오래 계속되지만, 그 유형은 평생 계속되는 것이 아니라 세월이나 환경 등 다양한 요인에 따라 변화한다. 대부분의 경우 그 변화를 이해하지 못해서 파국을 맞이하게 되는데, 처음부터 애정의 유형은 변화함을 인식하고 있으면 두 사람의 관계도 오래 지속된다.

사랑의 8가지 유형

대각선에 있는 요소는 그 유형에 결여된 요소
예: ①은 친밀성은 높지만 열정, 커미트먼트는 약하다

전부 강하다 → 완전한 사랑
① → 좋아함
② → 열정적 사랑
③ → 공허한 사랑
④ → 낭만적 사랑
⑤ → 우애적 사랑
⑥ → 허구적 사랑
전부 약하다 → 사랑이 아님
→ 유형이 일치하면 오래 계속된다

긍정적인 경험은 부정적인 경험의 5배가 필요하다

커플들은 감정의 엇갈림이나 싸움 같은 네거티브[4]한 경험을 종종 하기 마련이다. 그러나 이 경험을 방치하면 이별로 이어질 위험성이 높아진다.

심리학자인 존 가트만[5]은 장기간에 걸쳐 부부 관계를 조사한 뒤 좋은 관계를 계속하기 위한 포인트를 제창했다. 그것은 긍정적인 경험과 부정적인 경험의 비율이 5:1은 되도록 유지해야 한다는 것이다. 다시 말해 행복감이나 충실감 같은 포지티브[6]한 경험이 싸움이나 불안감, 불만 같은 부정적인 경험의 5배는 필요하다는 주장이다.

가령 여자 친구가 기대하고 있었던 저녁 식사를 한 번 취소해서 실망을 줬다면 그 부정적인 경험을 메우기 위해서는 저녁 식사를 5차례 해야 한다. 가트만은 이를 게을리 하면 이혼율이 높아질 것으로 예측하고 10년에 걸쳐 부부 700쌍을 조사했는데, 그 결과 예측이 94퍼센트의 확률로 들어맞았다고 한다.

어구 해설 ✐

3) **커미트먼트** • Commitment, 관계, 개입을 의미한다.

4) **네거티브** • 부정적인 것, 소극적인 것, 불쾌한 것.

5) **존 가트만** • 미국의 심리학자, 부부 관계나 결혼 생활의 연구로 유명하다. 이혼을 초래하는 원인을 인격 비판, 상대에 대한 경멸, 방어적인 태도, 거부적인 태도, 이렇게 4가지로 분석했다. 1942년~.

6) **포지티브** • 긍정적인 것, 적극적인 것, 좋은 이미지인 것.

상대방의 행동을 부정하면 관계는 걷잡을 수 없이 악화된다

관계가 악화되고 있을 때 두 사람의 사이에는 어떤 심리가 작용하고 있을까? 심리학자인 브래드버리는 관계가 양호한 커플과 점점 나빠지고 있는 커플을 대상으로 조사를 실시하고 '원인 귀속[7]'이라는 이론을 이용해 이를 해명하려 했다. 조사는 각각의 커플을 대상으로 상대가 '부탁한 것을 해 주지 않았을 때'와 '부탁하지도 않았는데 해 줬을 때'의 원인을 질문하는 형태로 진행되었다.

조사 결과에 따르면 관계가 점점 나빠지고 있는 커플은 부탁한 것을 해 주지 않는 상대에 대해 '성격이 나빠서.', '늘 그런 식이다.', '애초에 내 부탁을 안 들어준다.' 같은 부정적인 이유를 말했다. 게다가 부탁하지도 않았는데 해 줬을 경우도 '다른 누군가가 시켰을 것.', '우연일 뿐.', '어차피 이번만일 것.' 등 역시 원인을 부정적으로 이야기했다.

이런 감정에 빠지면 그 뒤로도 악순환이 계속되고 만다. 양호한 관계를 지속하고 싶다면 상대방의 행동을 긍정적으로 받아들이는 것이 중요하다.

어구 해설 🖉

7) **원인 귀속** • 어떤 행동이나 감정의 원인을 어디에서 찾느냐는 것. 심리학자인 브래드버리는 이 이론을 대인 관계에 응용해 커플의 관계성을 연구했다.

수렁에 빠진 관계성

부탁하지 않았는데 해 줘도
- 누가 시켜서 한 거지?
- 우연일 뿐이야
- 어차피 이번만이겠지

부탁한 것을 해 주지 않으면
- 성격 참 고약하다니까
- 늘 그런 식이지…
- 애초에 내 부탁은 안 들어주잖아!

관계가 악화되고 있으면…

▶ 항상 나쁜 방향으로 생각하고 만다

바람·불륜의 원인은 자신을 소중히 여기지 않는 것

관계를 파탄시키는 원인 중 하나로 불륜 또는 바람이 있다. 위험한 줄 알면서도 불륜에 발을 들이는 이유는 무엇일까? 그 이유는 2가지로 생각된다.

첫째는 '부족 원칙[8]'이다. 가령 귀가해도 냉담한 대접을 받는다거나, 함께 있어도 즐겁지 않다거나, 섹스를 거부당하는 등의 고독감 또는 불만을 다른 상대에게서 해소하려 하는 것이다.

둘째는 '자기 확대[9]'다. 연인이나 배우자는 자신을 보잘것없는 사람으로 생각하는 데 비해 불륜 상대는 자신과 있는 것을 기뻐하거나 상사 또는 선배로서 존경해 준다. 이렇게 높은 평가를 받음으로써 기분이 좋아지고 싶은 것이다.

어구 해설 ✐

8) **부족 원칙** • 커플 혹은 부부의 관계성에서 부족한 것, 충족되지 않는 것이 있는 것.

9) **자기 확대** • 자신도 깨닫지 못했던 자신의 매력이 높게 평가받거나 그때까지 하지 못했던 경험을 하게 해 주는 것.

이 2가지 이유에서 생각할 수 있는 불륜·바람의 방어책은 오직 한 가지, 연인이나 배우자로부터 소중한 사람으로 대우받는 것이다. 그러나 소중한 사람으로 대우받고 싶다면 자신도 연인이나 배우자를 소중한 사람으로 여겨야 한다는 사실을 잊어서는 안 된다.

지나치게 애정을 쏟으면 상대방의 마음이 멀어진다? ― '최소 관심의 원리'

자신은 상대방만 생각하고 시간과 돈과 에너지를 모두 쏟아 부어서 기쁘게 해 주려고 노력하는데 상대는 자신을 똑같이 대해 주지 않는다. 그러나 자신은 애정 표현을 그만두지 못한다……. 이런 관계를 심리학에서는 '최소 관심의 원리[10]'라고 부른다. 애정을 더 강하게 느끼는 쪽이 무조건적으로 애정을 쏟는 상황이다. 이런 관계에서는 애정을 쏟는 쪽의 자기 평가[11]가 낮을 때가 많다. 자기 평가가 낮아지면 자신의 가치나 매력이 보이지 않게 되어서 연애나 결혼 생활에서도 자기혐오를 느끼고 만다. 또한 상대도 그런 자신을 낮게 평가하게 되어 마음이 멀어지는 경우도 있으며, 그러면 상대의 마음이 떠나가지 않게 붙

어구 해설 ✍

10) **최소 관심의 원리** • 연애나 인간관계에서 흥미나 관심이 적은 쪽이 관계성을 지배하고 리드한다는 발상. 감정이 강한 쪽이 상대의 말을 듣거나 애정을 쏟게 된다.

11) **자기 평가** • 자신을 어떻게 평가하느냐는 것. 자기 평가가 낮으면 자신감을 갖지 못해 자신을 비하하고 비굴해질 때가 있다.

잡고 싶다는 마음에서 더욱 애정을 쏟는 악순환에 빠져든다.

이 악순환에서 벗어나려면 자기 평가를 높여야 한다. 자신에게 자신감을 품고 자신을 인정하면 매력은 틀림없이 높아진다.

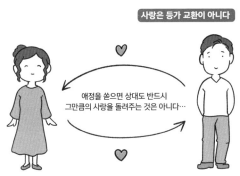

사랑은 등가 교환이 아니다

애정을 쏟으면 상대도 반드시
그만큼의 사랑을 돌려주는 것은 아니다…

▶ '내가 보낸 사랑만큼 사랑을 돌려주겠지.'라고 멋대로 기대해도
그렇게 되지 않을 때가 많다

DAY 23

상대에게 이별을 통보
받았을 때 대처하는 방법과
마음을 추스르는 방법

간단 요약

이별 통보는 순순히 받아들이고,
괴로운 마음은 토해내서 해소한다

현재의 파트너보다 다른 이성이 더 매력적으로 보이는 이유

안타까운 사실이지만 연애 관계가 영원히 지속된다는 보장은
없다. 설령 결혼에 성공했더라도 오랫동안 살다 보면 마음의 변
화는 일어나기 마련이다. 그렇다면 헤어지고 싶다고 생각하는
계기는 무엇일까?

그중 하나는 심리학에서 '선망[1]'이라고 부르는 마음의 작용이
다. 현재의 파트너와 다른 이성을 비교했을 때 다른 이성이 더

어구 해설 🖉

[1]   **선망 •** 부럽다고 생각하는 것. 남은 남, 나는 나라고 생각하지 못하는 것도 선망을 느끼는 원인 중
      하나다.

매력적으로 보일 때가 있다. 이것은 현재 파트너의 내면을 알고 있다 보니 마이너스의 측면도 보이는 탓에 과소평가를 하기 때문이다. 한편 다른 이성에 대해서는 심리학에서 말하는 후광 효과가 발동해 외모나 일부 정보만을 가지고 과대평가를 하게 된다.

객관적으로 보면 이 상태는 이른바 일시적인 심리적 방황이라고도 할 수 있지만, 본인에게는 현재의 파트너와 헤어지고 다른 이성과 사귀기를 열망하는 인생 최대의 국면처럼 느껴지기 마련이다.

붙잡고 싶은 마음을 억누르고 이별 통보를 받아들여 본다

그렇다면 파트너가 이별 이야기를 꺼냈을 때 어떻게 반응하는 것이 정답일까? 여기에서는 120페이지에서도 설명한 '심리적 반발'을 이용해서 고찰해 보자.

이별을 받아들일 수 없을 경우 상대를 붙잡으려고 애원하기 마련인데, 이것은 거의 효과가 없다. 상대를 붙잡으려 할수록 멀어지기 때문이다. 상대의 마음에 심리적 반발이 발동하고 있어서, 이별하고 싶은데 이별해 주지 않는다는 속박[2)]에 대한 반발로 더욱 이별하고 싶어지는 것이다.

어구 해설 🖉

---

2) **속박** • 심리적 반발을 역이용해, 상대방을 좋아하는 마음을 의도적으로 숨기고 거절함으로써 상대방의 반발심을 부추겨 자신을 의식하도록 만들 수도 있다.

여기에서는 일단 냉정해져서 이별 이야기를 깔끔하게 받아들여 보자. 상대방의 심리적 반발이 해소되어 헤어지고 싶다는 기분[3]이 약해질 가능성이 있다.

성격 유형별로 살펴보는 마음을 추스르는 속도

의도와는 달리 이별의 순간이 찾아왔다면 어떻게 마음을 추슬러야 할까? 심리학에서는 성격에 따라 마음을 추스르는 속도가 빠른 사람과 느린 사람이 있음이 밝혀졌다.

'외적 통제형[4]'과 '내적 통제형[5]'이라는 성격 분류 이론에서는 외적 통제형이 더 빠르게 마음을 추스른다고 한다. '상대에게 좋아하는 사람이 생겼으니 어쩔 수 없지.', '타이밍이 맞지 않았을 뿐이야.' 등 자신 이외의 것이 원인이라고 생각하기 때문이다.

한편 내적 통제형은 '내가 너무 제멋대로 행동했어.', '내가 매력이 없어서 싫어진 거야.' 같이 자신에게 문제가 있다고 생각해 버린다. 내적 통제형은 '그때 이렇게 했어야 했는데.', '그런 말은 하지 말았어야 했어.'라고 자책하며 자신을 몰아붙이고, 그 스트레스가 마음의 균형을 무너뜨리기도 한다. 나중에 연애 의존증[6]

어구 해설 ✍

3) **헤어지고 싶다는 기분** • 심리적 반발을 역이용해, 상대방을 좋아하는 마음을 의도적으로 숨기고 거절함으로써 상대방의 반발심을 부추겨 자신을 의식하도록 만들 수도 있다.

4) **외적 통제형** • 모든 원인은 자신이 아닌 다른 무엇인가에 있다고 생각하는 성격 유형.

5) **내적 통제형** • 외적 통제형과 달리 모든 원인은 자신에게 있다고 생각하는 성격 유형.

6) **연애 의존증** • 항상 연애를 하지 않으면 불안해지거나 일상생활이 어려울 만큼 상대를 신경 쓰는 등의 증상. 정식 병명은 아니지만 최근 들어 문제시되고 있다.

을 초래할 수도 있으므로 괴로운 상태가 계속될 경우는 치유를 검토해야 할 것이다.

이렇게 보면 마음을 추스르고 다음의 연애로 향하는 데는 외적 통제형이 유리할 것이다. 다만 이 유형은 자신의 부정적인 측면을 직시하려 하지 않기 때문에 같은 실패를 반복한다는 단점도 있으니 주의가 필요하다.

원인은 외부에서 찾자

외적 통제형
자신의 외부에서 원인을 찾는다
▼
빠르게 마음을 추스를 수 있다

내적 통제형
원인이 자신에게 있다고 생각한다
▼
계속해서 고민하기 쉽다

연애 의존증에 빠지지 않도록 자신에게 자신감을 갖는다

커다란 파국을 경험한 결과 연애 의존증에 빠질 위험성도 있다. 불안을 느끼고 끊임없이 연애 대상을 찾거나, 불만이 있더라도 상대방의 말에 따르거나, 상대방에게서 보답을 기대할 수 없음에도 애정을 쏟아 붓는 것이다. 이런 마음의 상태가 보인다면 자신을 객관적으로 바라보는 것이 중요하다.

연애 의존증에 빠지기 쉬운 사람은 자신에게 자신감이 없고 자기 평가도 낮은 경향이 있다. 연애로부터 조금 거리를 두고 자기 평가를 높이기 위해 노력해 보기 바란다. 그러면 자신감이 싹터서 의존[7]으로부터 해방될 수도 있다.

슬픈 마음은 토해내고 공유한다

170페이지에서 설명한 내적 통제형 성격의 경우 연애 관계가 파탄을 맞이한 원인은 자신에게 있다며 깊이 자책하는 경향이 있는데, 속이 후련해질 때까지 울어서 후회나 상실감을 토해내는 것은 좋은 방법이다. 마음을 터놓을 수 있는 사람에게 괴로운 마음을 토로하는 것은 결코 부끄러운 일이 아니며, 같은 경험을 한 사람과 기분을 공유하면 괴로움을 덜 수 있다는 것은 많은 실연 경험자가 실감하고 있다.

임상 심리학에도 '엔카운터 그룹[8]'이라는 카운슬링 방법이 있다. 괴로움을 공유하는 사람들이 서로 자신의 기분을 말로 표현하며 자기 통찰[9]을 하는 것이다.

이것을 응용해서 생각하면 마음을 추스르기 위해 시끌벅적

어구 해설 ✎

7) **의존 •** 특정한 무엇인가에 마음을 빼앗겨, 그만두고 싶음에도, 그만두는 편이 좋음을 알면서도 그만 두지 못하게 되는 것. 알코올 의존증, 도박 의존증 등이 있다.

8) **엔카운터 그룹 •** 집단 심리 요법 중 하나. 모인 멤버들이 저마다 속마음을 이야기해서 서로를 깊게 이해하고, 자신을 직시해 성장하며, 대인 관계를 양호하게 만드는 것.

9) **자기 통찰 •** 자신의 행동 패턴이나 사고방식 등을 관찰하고 그 원인이나 의미를 이해하는 것.

한 장소에 가거나 즐거운 음악을 듣는 것은 역효과라고 할 수 있다. 여행을 간다면 적막감이 감도는 관광지, 음악을 듣는다면 실연 노래가 더 마음을 치유해 주며 기분전환에 적합한 것이다.

실연으로부터 마음을 추스르기 위해서는

① 괴로움을 참지 않는다

▶ 슬픈 노래를 듣거나 괴로움을 누군가와 공유한다

② 괴로움을 분리시킨다

▶ 문자와 사진을 삭제하거나 추억을 글로 써서 봉인한다

괴로움을 글로 써서 봉인하고 자신의 마음과 분리시킨다

위의 방법과는 정반대이기는 하지만, 괴로운 마음을 의도적으로 봉인하는 방법도 있다. 상가포르 국립 대학교의 슈핀 리는 실연한 피험자에게 그 경험을 글로 쓰게 하는 실험을 실시했다. 그런 다음 피험자를 두 그룹으로 나눠서 한 그룹에는 글을 쓴 종이를 그대로 제출하게 하고, 다른 한 그룹에는 봉투에 넣어 봉인한 다음 제출하게 했다.

그랬더니 글을 봉인한 그룹에서 실연을 극복하고 긍정적으로 된 사람이 더 많이 나왔다고 한다. 이 실험 결과를 통해서 생각할 수 있는 점은 괴로운 경험을 글로 쓰면 자신의 마음을 직시하고 정리할 수 있으며, 그 글을 봉인함으로써 괴로운 경험을 분리시킬 수 있다는 것이다.

이 실험에 따르면 이별한 연인에게 받은 선물을 버리고 SNS[10]에서 주고받은 글을 삭제하는 행동도 마음을 추스르는 데 효과적이라고 할 수 있다.

어구 해설 🖉

10) **SNS** • 옛 연인이 올린 글에 반응하거나 파국을 암시하는 글을 올리는 등의 행동을 하면 미련이 남게 될 때가 많다.

4

마음에 두고 있는 상대의
그린라이트

마음에 두고 있는 상대가 자신에게 호감을 품고 있는지, 아니면 그저 형식적인 관계에 불과한지 확인하고 싶을 때도 있을 것이다. 마음은 누구의 눈에도 보이지 않지만 사실은 작은 거동이 마음을 생생하게 나타내는 경우도 있다.

그 일례가 앉아 있을 때다. 상대방의 무릎이 이쪽을 향하고 있거나 몸을 앞으로 기울인 채로 대화를 하고 있다면 이쪽에 호감을 품고 있을 때가 많다. 흥미가 있다, 이야기를 듣고 싶다는 마음이 몸에 나타나는 것이다.

또한 여럿이서 테이블을 둘러싸고 앉을 경우, 다른 사람들도 있는데 상대와 빈번하게 눈이 마주친다면 그것은 상대가 이쪽을 향하고 있기 때문이다. 복수의 사람이 있을 때 사람은 가장 호감이 있는, 관심이 있는 사람을 향하게 되므로 서로에게 마음이 있을 가능성이 높다.

　그리고 손의 표정에도 주목하자. 사람의 손은 정교한 까닭에 그 사람의 기분까지도 말해 준다. 손을 쥐지 않고 펴고 있다면 그것은 상대를 받아들이고 이해하고 싶다는 마음의 발로다. 테이블 위의 장해물을 이유 없이 치웠다면 물리적·심리적으로 이쪽과의 거리를 좁히고 싶다고 생각해서다. 반대로 얼굴 주변을 만지거나 주먹을 쥐고 있을 경우는 이쪽의 이야기를 의심하거나 경계하고 있다는 증거다. 또한 양손을 넓적다리 위에 올려놓고 있다면 그것은 이야기하고 싶은 마음이 없다는 뜻이다. 이처럼 손의 움직임 하나에서도 다양한 심리를 읽을 수 있다.

　다만 이런 몸짓이 절대적인 것은 아니다. 대화를 거듭하며 서로를 이해하려고 노력을 하는 가운데 참고로 삼는 정도가 적당할 것이다.

스킬업을 하지 못하는 것은 마음이 제동을 걸고 있기 때문

간단 요약

부정적 사고의 악순환을
끊기 위한 방법은 오직 도전뿐

사람은 왜 부정적 사고의 악순환에 빠지는 것일까?

'지금 열심히 해야 하는데!'라는 때일수록 이상하게 의욕이 나지 않았던 경험은 누구에게나 있을 것이다. 작은 실수로 자신에 대한 자신감이 사라져 도전을 두려워하고 위축된 나머지 실패를 거듭하게 된다. 말 그대로 악순환에 빠지는 것이다.

일단 이 악순환에 빠져 일이 제대로 풀리지 않는 상태가 계속되면 사람은 학습성 무력감[1]에 빠져서 도전하는 것을 그만두게 된다. 게다가 무엇인가를 고려할 때 반사적으로 답을 정해 놓고

어구 해설 🖋

1) **학습성 무력감 •** 실패를 거듭한 끝에 의욕을 잃고 '나는 뭘 해도 안 돼.'라는 무력감을 학습한 결과, 자신이 처한 상황에 맞서지 않게 되는 현상.

다양한 가능성을 배제하는 자동 사고[2]를 하게 되는데, 악순환에 빠진 상태이기에 그 답도 부정적인 것일 수밖에 없다.

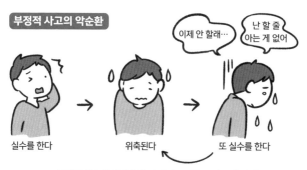

▶ 부정적 사고의 악순환에 빠지면 도전을 그만두게 된다

성공 체험은 자기 긍정감을 높인다

이와 같은 부정적 사고의 악순환에 빠진 사람들은 대부분 '자기 긍정감[3]'이 낮아서 자신에게 자신감을 갖지 못하기 때문에 자기 평가도 저하되고 의욕을 잃어버린다. 이런 상황을 개선하려면 자기 평가를 높여야 하는데, 이를 위해서는 먼저 부정적인 자동 사고를 멈춰야 한다. 어떤 상황에서든 긍정적으로 생각하고 받아들이는 것이다.

이를테면 목표를 세우고 스스로 과제를 부여해 도전하는 것

어구 해설 ✎

2) **자동 사고 •** 무의식적으로 머릿속에서 자동으로 진행되는 사고.
3) **자기 긍정감 •** 자신의 가치에 관한 감각으로, 자신에 대해 어떻게 생각하고 느끼고 있느냐에 따라 결정되는 감각. '나는 소중한 존재야.'라고 생각하는 심리 상태가 바탕이 된다.

부터 시작해 보자. 그리고 성공하면 주위 사람들의 칭찬을 있는 그대로 받아들인다. 또한 스스로 자신을 인정하고 칭찬해 주는 것이 중요하다.

향상심을 갖고 일에 몰두하면 의욕의 스위치가 켜진다!

부정적 사고의 악순환을 끊기 위해 무엇을 해야 할지는 이제 이해했을 것이다. 다음 단계는 '의욕 스위치'를 켜는 것이다. 이 의욕 스위치는 심리학에서 말하는 동기 부여=모티베이션[4]으로 배가 고프면 먹고 싶다, 졸리면 자고 싶다 같은 '생리적 동기 부여', 자신의 탐구심이나 향상심에서 비롯되는 '내적 동기 부여', 영업 성적이 오르면 보너스를 주고 떨어지면 강등시키는 등에 당근과 채찍을 이용한 '외적 동기 부여' 등이 있다.

그렇다면 어떻게 해야 '의욕 스위치'를 켤 수 있을까? 포인트는 스스로 흥미나 향상심을 갖고 업무에 임하는 '내적 동기 부여'를 발동시키는 것이다. 부정적 사고에 빠져 있을 때는 아무래도 당근과 채찍을 이용한 외적 동기 부여에 의지하기 쉬운데, 이 외적 동기 부여는 일시적으로 효과가 있더라도 오래 지속되

어구 해설 ✎

4) **모티베이션** • 알고 싶다, 이해하고 싶다는 감정이나 심정을 나타낸다. 비즈니스 용어로는 '동기 부여'라는 의미로 사용될 때가 많다. 목표를 향해서 행동하는 내적 에너지.

5) **어퍼메이션(Affirmation)** • 긍정, 확정, 단정을 의미하는 말. 심리학에서는 자신에 대한 긍정적인 선언을 가리킨다. 알기 쉽게 말하면 '긍정적인 입버릇'이다.

6) **자이가르닉 효과** • 독일의 심리학자인 쿠르트 레빈이 제창한 심리학의 현상. 달성한 사안보다 달성하지 못한 사안이나 중단된 사안을 더 강하게 기억하는 효과.

지는 않음이 실험을 통해 증명되었다.

목표 달성을 선언함으로써 자신의 의욕을 끌어낸다

그러나 알고 있음에도 도저히 의욕이 나지 않는 상황 또한 있을 것이다. 그럴 때는 어퍼메이션(Affirmation)[5]을 추천한다. 이 것은 이를테면 SNS나 사람들 앞에서 자신의 달성 목표 등을 선언(=퍼블릭 커미트먼트)함으로써 자신을 몰아붙이고 그 선언이 거짓말이 되지 않도록 최대한 노력하는 수법이다. 사실은 혼자서 중얼거리기만 해도 효과가 있으니 지금 당장이라도 효과를 확인해 보고 싶은 사람은 시도해 보자.

선언할 용기가 없는 사람, 이미 일을 진행하고 있는 사람에게는 자이가르닉 효과[6]를 응용한 방법을 권한다. 이것은 의도적으로 지금 하고 있는 일을 중단하거나 내일 하면 되는 업무에 손을 대는 수법으로, 아직 완료하지 못했다는 긴장감으로부터 해방되기 위해 일을 완료시키고자 노력하는 심리를 이용한다.

업무에 대해 의욕을 내려면…

목표를 선언!

어중간한 상태에서 중단해 보자

어퍼메이션

자이가르닉 효과

▶ 자신을 몰아붙인다

▶ 완료시키기 위해 노력한다

작은 과제라도 계속 쌓아 나가면 큰 결과가 된다

모티베이션을 높이기 위해 설정하는 과제는 어디까지나 달성 가능한 수준이어야 한다. 목표가 너무 높으면 의욕이 생기지 않기 때문이다. 가령 다이어트 목표를 세울 때, '매일 2시간씩 운동을 하면 1년 후에는 20킬로그램을 뺄 수 있을 거야.'라는 결과 기대[7]가 높더라도 '1년 동안 매일 2시간씩 운동을 계속할 수 있을 거야.'라는 **효력 기대**[8]가 낮으면 좀처럼 행동으로 옮기지 못한다. 의욕을 내려면 효력 기대에 부응할 수 있다는 자신감이 필요하며, 이 자신감(=자기 노력감)을 높이려면 성공 체험을 쌓아야 한다. 느닷없이 높은 목표에 도전하지 말고 작은 목표나 간단한 과제를 달성하는 것이 중요하다.

목표 달성을 하려면

▶ 달성할 수 있을 것 같은 목표를 쌓아 나감으로써 의욕을 높이고 성공 체험을 한다

부정적 사고에도 긍정적으로 작용하는 이점이 있다

지금까지 성공의 이미지로서 긍정적 사고에 관해 이야기했는데, 한 실험에 따르면 자신에게 자신감이 있는 사람과 없는 사람은 경험한 결과를 받아들이는 방식과 성격에 차이가 있음이 밝혀졌다.

인간은 성공을 머릿속에 그리면 뇌에서 도파민9)이 분비되기 때문에 아무것도 하지 않아도 충실감을 느낀다. 그래서 다소간의 실패는 신경 쓰지 않으며 목표를 위해 노력할 의욕을 잃어버린다는 것이다. 그 결과 노력이 필요한 사람들까지 의욕을 잃어버리는 사태를 맞이한다.

한편 부정적인 사고를 하는 사람은 항상 최악의 사태를 가정하기 때문에 실제로 그렇게 되더라도 동요하지 않고 냉정하게 대처할 수 있다. 물론 실패가 두려워 행동을 하지 않는다든가 실수한 것을 계속 마음에 담아 두는 탓에 앞으로 나아가지 못하는 등 단점도 있지만, 부정적인 사고를 하는 사람은 자신의 과제를 찾고 개선함으로써 자기 성장을 할 수 있다고 생각할 수 있다.

어구 해설 ✎

7) **결과 기대** • 사람이 어떤 과제에 직면했을 때 '이렇게 하면 잘 될 거야.'라는 기대감. 심리학자인 앨버트 반두라가 제창한 개념이다.

8) **효력 기대** • 사람이 어떤 과제에 직면했을 때 '나는 그것을 실행할 수 있어.'라는 기대감. 성공 체험이나 노력을 거듭하면 효력을 상승시킬 수 있다.

9) **도파민** • 신경 전달 물질 중 하나. 대사를 통해 생리 활성 물질로서 중요한 노르아드레날린이나 아드레날린이 된다. 뇌의 신경 세포의 흥분을 전달할 때 반드시 필요하다.

이런 이유에서 부정적 사고도 긍정적으로 작용할 수 있음을 기억해 두기 바란다. 목표를 달성해 악순환으로부터 탈출하기 위해서는 긍정적 사고와 부정적 사고 중 어느 한쪽에 치우치지 말고 각각의 장점을 받아들여 균형 있게 의욕을 내는 것이 중요하다.

DAY 25

30일 만에 배우는
심리학 수첩

행복해지기 위한 대전제는 무엇일까?

간단 요약

노력과 행복의 축적이 안정된
행복감을 낳는다

행복감을 얻으려면 자진해서 행동한다

심리학자인 소냐 류보머스키[1]와 케논 셸던[2]이 실시한 실험에 따르면 사람이 행복을 느끼는 요인은 '유전적 요인', '환경적 요인', '본인의 의도적 행동'의 3가지라고 한다.

유전적 요인이란 천성적으로 행복을 쉽게 느끼는 정도로, 이 것은 평생 동안 바꿀 수 없는 설정값이다. 행복감을 느끼기 위

어구 해설 ✍

1) **소냐 류보머스키** • 캘리포니아 대학교 리버사이드 캠퍼스의 심리학자. 긍정 심리학의 실증 연구의 일인자다. 타인을 행복하게 만들기 위한 생활 이벤트가 오히려 행복에 장해물이 된다고 주장한다.

2) **케논 셸던** • 미주리 대학교의 심리학자. 타인에게 배신을 당했을 경우 앙갚음을 하면 그 후에 계속 협력 반응을 한다는 '보복 전략'의 연구 등으로 유명하다.

한 요소의 50퍼센트를 차지하지만, 이것은 본인의 노력을 바꿀 방법이 없다. 환경적 요인은 기혼인가 미혼인가, 부유한가 빈곤한가, 건강한가 병치레가 잦은가, 신앙이 있는가 없는가 등 생활 환경 전체에 관한 것이다. 이쪽은 10퍼센트 정도밖에 영향을 끼치지 못한다. 인간은 환경적 요인으로 행복을 느끼더라도 금방 그 환경에 적응해 버리며 변화에 익숙해지기(쾌락의 습관화3)) 때문이다.

그리고 행복감을 불러오는 요인으로서 40퍼센트나 되는 영향력을 가진 것이 본인의 의도적 행동이다. 업무 내용을 바꾸거나 새로운 취미를 가지면 행복해지기 위해 자신이 의도적으로 노력하는 것이 긍정적인 자극이 되어서 행복감이 오래 유지된다.

결국 행복감을 느끼기 위한 요소 중 자신의 힘으로 바꿀 수 있는 것은 환경적 요인과 본인의 의도적 행동이다. 그런데 환경적 요인으로 행복감을 높이려면 정기적으로 환경을 바꿔야 하며, 이것을 실천하기는 그렇게 쉽지 않다. 그러니 먼저 자신의 성격이나 가치관에 맞춰서 의도적으로 새로운 일에 도전해 보는 것부터 시작해 보자. 작은 노력으로도 사람은 행복감을 오래 지속시킬 수 있다.

어구 해설 ✎

3)　**쾌락의 습관화** • '쾌락'은 행복감으로 이어지는 고양감의 발생원 중 하나다. 행복의 감정은 매일 맛보면 습관이 되어서 퇴색하며, 학습성 무력감을 일으킨다.

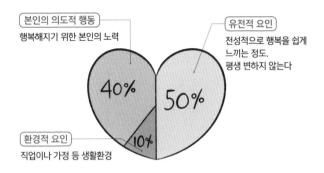

'행복'을 결정하는 3가지 요소

본인의 의도적 행동
행복해지기 위한 본인의 노력

유전적 요인
천성적으로 행복을 쉽게
느끼는 정도.
평생 변하지 않는다

40%

50%

환경적 요인
직업이나 가정 등 생활환경

10%

행복감을 연구하는 긍정 심리학

행복감에 대해 생각할 때 절대 떼어놓을 수 없는 것이 '긍정 심리학'이다. 미국의 심리학자인 마틴 셀리그만[4]이 창설한 긍정 심리학은 주로 인간의 부정적인 측면을 연구해 온 기존의 심리학과 달리 행복감이나 인간 사이의 유대 등 사람의 긍정적인 측면을 연구 주제로 삼고 있다.

긍정 심리학을 제창하는 에드 디너[5]의 주장에 따르면 행복감은 현재 자신이 가지고 있는 것(지위나 돈)뿐만 아니라 바라는 것과의 관계성을 통해서 결정된다고 한다. 또한 행복감이 사물

어구 해설 ✎

4) **마틴 셀리그만** • 미국 출생의 심리학자로, 펜실베이니아 대학교 대학원 교수다. 1998년에 긍정 심리학을 제창한 창설자 중 한 명으로 알려져 있다.

5) **에드 디너** • 미국의 심리학자로, 일리노이 대학교 명예 교수다. 행복도 연구의 일인자로, 5가지 질문을 통해 사람이 주관적으로 느끼는 행복도를 측정하는 '삶의 만족도 척도'를 개발했다.

을 바라보는 시각이나 가치관, 행동에 따라서도 사람마다 달라진다.

확실히 행복감을 높이는 5가지 키워드

그렇다면 어떻게 해야 행복감이 높아질까? 긍정 심리학에서는 다음의 5가지를 키워드로 생각한다.

① 타인에게 친절하게

친구나 지인은 물론이고 모르는 사람에게도 친절하게 대해서 감사를 받으면 행복감이 높아진다.

② 혼자 있지 않는다

혼자보다는 가족이나 친구들과 함께 즐겁게 시간을 보내는 편이 행복감이 충족된다.

③ 누군가와 비교하지 않는다

다른 사람과 자신을 비교하고 자신에게 없는 것에만 주목하면 비참해진다.

④ 하루를 끝낼 때 감사로 마무리한다

잠자리에 들기 전에 하루를 되돌아보면서 '즐거웠던 일'을 떠올리고 감사하면 행복한 기분으로 잠들 수 있다. 또한 매일 아침 행복한 기분으로 하루를 시작할 수 있다. 셀리그만은 하루를 마무리할 때 그날 좋았던 일 3가지를 종이에 적으면 더욱 효과적이라고 말한다.

⑤ 꿈이나 목표를 끊임없이 추구한다

자신의 이상에 조금이라도 가까이 다가가고자 노력하고 행동하면 충실한 하루하루를 보낼 수 있다.

전부 매일 생활 속에서 쉽게 실천할 수 있는 내용이다. 이 5가지를 축적해 나가면 큰 행복으로 이어짐을 잊지 말기 바란다.

돈은 다른 사람들을 위해서 쓸 때 더 큰 가치를 발휘한다

행복해지려면 분명히 노력이 필요하다. 그러나 '나만을 위해', '저 사람보다 더 행복하게'라는 자기 주체의 사고방식으로는 그다지 행복감을 얻지 못한다. 이것은 심리학자인 엘리자베스 W. 던[6]과 마이클 노튼[7]이 2008년에 실시한 실험을 통해 증명되었다. 600명이 넘는 피험자를 대상으로 자신을 위해서 사용한 금액과 타인을 위해서 사용한 금액을 조사한 결과, 타인을 위해서 많은 돈을 쓴 사람일수록 행복감을 느끼며 자신을 위해서는 쓴 금액은 자신의 행복감에 영향을 거의 끼치지 못했다고 한다.

'타인에게 돈을 쓸 여유가 있는 사람은 애초에 행복한 사람일 테지.'라고 생각하기 쉽지만, 타인에게 부를 나눠주면 다른 사람

어구 해설 🖉

---

[6] **엘리자베스 W. 던** • 캐나다 브리티시컬럼비아 대학교의 심리학자. 하버드 대학교의 마이클 노튼 교수와 함께 《당신이 지갑을 열기 전에 알아야 할 것들》을 썼다.

[7] **마이클 노튼** • 하버드 대학교의 경영학·행동학 교수. 브리티시컬럼비아 대학교의 엘리자베스 W. 던과 함께 사람은 돈으로 행복을 살 수 있느냐는 주제를 과학적으로 연구했다.

에게 도움이 되는 자신을 긍정적으로 느끼게 될 뿐만 아니라 상대방의 존재를 인식하고 존중하게 된다. 그리고 자연스럽게 교류가 생겨나 새로운 인간관계를 쌓을 수 있게 되는 것이다.

주위 사람들에 대한 평가가 낮아졌다면 짜증이 났다는 증거

의욕 스위치를 켜거나 행복감을 높이는 포인트를 통해서 개선을 꾀하더라도 본인으로서는 과연 사고가 긍정적으로 전환되었는지 판단하기가 어렵기 마련인데, 이때 척도로 사용할 수 있는 것이 불만이나 짜증의 정도다.

혹시 만나는 사람마다 하나같이 결점만 눈에 보여서 짜증이 난 경우는 없는가? 이것은 '기분 일치 효과[8]'가 발동해 사물의 나쁜 측면만 보이는 부정적인 상태에 빠졌다는 증거다. 반대로 친구나 동료가 평소보다 행복해 보인다면 그것은 자신이 긍정적이라는 뜻이다.

짜증을 순식간에 해소시켜 주는 앵커링

만약 기분 일치 효과가 발동해 부정적 사고가 되었음이 검증되었다면 즉시 앵커링[9]을 시도해 봐야 한다. 1974년에 행동 경

어구 해설 ✏️

8) **기분 일치 효과 •** 짜증이 나 있으면 타인의 결점이 눈에 띄어서 더욱 짜증이 나는 현상. 즉 타인이 어떻게 보이느냐를 통해 자신의 사고 경향을 이해할 수 있다.

9) **앵커링 •** 본다·만진다·냄새를 맡는다·맛본다 등 오감을 계기로 삼아서 어떤 감정이나 기억을 불러내는 경로를 만드는 것. 짜증을 해소하려면 과거에 느꼈던 행복한 기분을 불러낸다.

제학자인 대니얼 카너먼과 심리학자인 아모스 트버스키[10]가 연구를 통해서 제창한 심리 효과로, 인상적인 정보나 수치가 기준이 되어서 이후의 행동에 영향을 끼친다는 것이다.

가령 기분 일치 효과로 짜증 상태에 있음을 자각했다면 가슴에 손을 얹고 마음을 터놓을 수 있는 친구와의 담소나 가족과의 단란한 한때 등 과거에 느꼈던 행복한 기분을 떠올려 보자. 그러면 그 즐거웠던 추억이 행복감의 기준이 되어서 짜증을 몰아내 줄 것이다.

앵커링으로 짜증을 억누른다

▶ 즐거운 추억, 행복한 추억을 되새기면 짜증을 억제할 수 있다!

어구 해설 ✐

10) **아모스 트버스키 •** 이스라엘 출신의 심리학자. 1981년에 전망 이론으로 유명한 대니얼 카너먼과 함께 '프레이밍 효과'를 발표했다. 1937~1996년.

효과적으로 스트레스와 마주하는 방법

간단 요약

없애려 하기보다 받아들이고 의식을 바꾸자

환경에 적응해 스트레스를 느끼지 않는다

사람은 누구나 스트레스로부터 도망치고 싶어 하며, 동시에 그것이 현실에서는 쉽지 않은 일이라는 것도 이해하고 있다. 생물학자인 한스 셀리에[1]는 생물이 외부 세계로부터 받는 자극을 '스트레서'라고 부르고, 스트레서를 통해서 생기는 왜곡에 대한 반응을 '스트레스'라고 명명했다. 또한 그는 스트레서를 피로나 수면 부족 등의 '생리적 스트레서', 더위나 추위에 따른 '물리적 스트레서', 대인 트러블이나 환경 변화 등의 '사회적 스트레서'라

어구 해설 ✍

---

[1] **한스 셀리에** • 캐나다 국적의 생물학자. 스트레스 연구를 통해 스트레스를 '외부 환경으로부터의 자극으로 일어나는 왜곡에 대한 비특이적 반응'으로 정의했다.

는 세 유형으로 분류했다.

인간은 이런 스트레스에 반응해 먼저 부신피질 호르몬[2]의 분비나 교감 신경[3]의 흥분, 체온 또는 혈압의 상승, 면역계의 억제 같은 스트레스 반응을 보이며, 그 결과 불안감이나 짜증, 불면, 식욕 부진 등 심신의 기능 저하가 일어난다.

그렇다면 왜 그런 반응이 일어나는 것일까? 사실 스트레스는 본래 환경에 적응하기 위한 방

스트레스를 느끼는 구조

스트레서

▼

스트레스 반응

스트레스에 반응해 부신피질 호르몬의 분비, 교감 신경의 흥분, 체온·혈압의 상승 등이 일어난다

▼

심신 기능이 저하된다

짜증이 난다, 식욕이 나지 않는다, 피로가 풀리지 않는다 등

어 반응인데, 강한 스트레서에 계속 노출되면 적응 장애 상태가 되어서 신경증이나 우울증, 신경성 위염 등을 일으키게 된다.

이렇게 되지 않으려면 스트레스를 제거하는 것이 최선이지만, 현대 사회에서 스트레스를 0으로 만들기는 사실상 불가능하다. 그러므로 오히려 그것을 받아들이고 스트레스를 느끼지 않도록 의식을 바꾸는 것이 효과적인 대책이라고 할 수 있다.

어구 해설 ✐

2) **부신피질 호르몬** • 신장의 위쪽에 있는 부신에서 분비되는 무기질 코르티코이드, 당질 코르티코이드, 안드로겐이라는 3가지 호르몬. 인간이 살아가기 위해 반드시 필요하다.

3) **교감 신경** • 고등 척추동물의 자율 신경을 구성하는 신경. 흥분을 통해 동공 확장, 혈액 흐름 촉진, 물질대사 항진, 혈당치 상승 등이 일어난다. 전신의 활동력을 높이는 일을 한다.

8가지 코핑을 실천한다!

그렇다면 어떻게 해야 효과적으로 스트레스와 마주할 수 있을까? 미국의 심리학자인 리처드 라자러스는 스트레스의 실증 실험을 통해 '같은 스트레스를 받더라도 어떻게 받아들이느냐에 따라서 스트레스를 경감할 수 있다.'는 결과를 얻었다. 그리고 이 결과를 바탕으로 스트레스에 대한 8가지 대처법(코핑4))을 이끌어냈다.

① 스트레스와 정면으로 마주하고 적극적으로 상황을 변화시킨다.

② 스트레스의 요인이 되는 상황으로부터 거리를 둠으로써 최소한으로 억제한다.

③ 스트레스 상황에 있는 자신에 대해 감정이나 행동을 조절한다.

④ 스트레스 상황에 있는 자신의 책임을 인식하고 조정한다.

⑤ 스트레스 해소를 위해 정보 수집과 카운슬링5) 등의 지원을 요청한다.

⑥ 스트레스를 느끼는 상황으로부터 피난한다.

어구 해설 ✐

4) **코핑** • 스트레스의 요인이나 감정에 작용시켜 스트레스를 제거 또는 완화하는 것. 스트레스 코핑 또는 스트레스 대처법이라고도 부른다. 문제 초점형과 정동 초점형이 있다.

5) **카운슬링** • 타인에 대한 심리적 원조·지원 행위, 그 문제 상황에 맞춰서 치료적·예방적·발전적으로 실시하는 대인 원조·지원 행위를 가리킨다.

⑦ 스트레스를 느끼는 환경을 바꾸고 스스로 성장을 지향한다.

⑧ 스트레스 해소를 위해 무엇을 해야 할지 생각하려고 노력한다.

이때 자신이 놓인 상황을 냉정하게 판단하고, 만약 곤란한 상황에 직면했다면 깊이 들어가지 말고 자신이 할 수 없는 일은 할 수 없다고 인정한 다음 신뢰할 수 있는 사람에게 도움을 구하는 것이 중요하다.

호흡법으로 스트레스를 완화할 수 있다

스트레스는 단순히 불안감이나 초조함, 우울함 등의 감정만을 일으키는 것이 아니다. 스트레스로 긴장 상태에 빠졌을 때 호흡이 얕아지고 빨라져서 숨을 쉬기가 힘들었던 경험은 없는가? 이것이 심해지면 '과호흡[6]'이라고 부르는 증상이 된다. 얕은 호흡이 계속되면 자신도 모르는 사이에 과산소 상태가 되며 만성적인 두통의 원인이 되기도 하니 주의하기 바란다.

이와 같이 심신의 상태와 호흡에는 밀접한 관계가 있다. 얕고 빠른 호흡이 스트레스 상태라면 깊고 느린 호흡은 안정 상태를 의미한다. 즉 심호흡을 통해 언제 어디에서나 심신을 가다듬을 수 있는 것이다.

어구 해설 ✎

---

6) **과호흡** • 갑자기 혹은 서서히 숨쉬기가 힘들어지면서 호흡 곤란이나 가슴 두근거림, 현기증, 손발 저림, 두통 등을 일으키는 병. 정신적 불안이나 과도한 긴장 상태가 원인으로 여겨진다.

스트레스를 완화하는 호흡법

① 의자에 기대 앉아서 등을 곧게 펴고 코로 천천히 숨을 들이마신다. 이때 하복부에 공기를 집어넣는다는 감각으로 배를 부풀린다(복식 호흡).

② 천천히 숨을 내쉰다. 하복부를 안으로 집어넣으면서 빨대를 물고 숨을 내쉰다는 느낌으로 입을 오므려서 내쉰다. 1호흡당 10~15초씩 5~10회 반복한다.

'스트레스는 몸에 나쁘다.'라고만 생각하지 않는다

인간의 몸에 호르몬 이상을 일으키고, 암이나 당뇨병 등의 원인이 되며, 나아가 돌연사의 계기가 되기도 하는 스트레스. 최근 들어서는 생산성 향상을 위해 사원의 스트레스 수준 감소를 최우선으로 삼는 대기업도 늘고 있다.

긍정 심리학(187 페이지)의 권위자인 존 에이커와 스탠퍼드 대학교 마인드&보디 랩[7]의 알리아 크럼[8], 예일 대학교 감정 지

어구 해설 ✐

7) **마인드&보디 랩** • 주관적인 사고방식이 어떻게 객관적인 사실에 영향을 끼치는지를 연구하는 미국 스탠퍼드 대학교의 연구소.

8) **알리아 크럼** • 미국의 심리학자. 스탠퍼드 대학교의 연구 기관인 마인드&보디 랩에 소속되어 있다. 스트레스 연구가 전문이다.

능[9] 센터의 피터 샐러비[10]는 한 기업의 400명에 가까운 사원을 대상으로 스트레스에 대한 의식 조사를 실시했다.

그 결과 '스트레스는 업무에든 건강에든 나쁜 영향을 끼치므로 제거해야 한다.'라고 생각하는 사람에 비해 '스트레스는 성장으로 이어진다.'라고 생각하는 사람이 좀 더 건강하고 행복도가 높았으며 업무 능력도 우수함이 판명되었다.

스트레스에서 사랑이 싹트기도 한다

약간 뜬금없는 이야기이지만, 스트레스는 사랑의 큐피트가 되어 주기도 한다. 스트레스를 공유한 사람끼리는 그렇지 않은 사람보다 개인적인 깊은 이야기를 하는 경향이 강하며 그 빈도도 높기 때문에 유대가 강해지는 결과로 이어진다. 할리우드 영화에서 죽음을 두려워하지 않고 악에 맞서는 주인공과 그 주인공을 뒷받침하는 여주인공의 로맨스는 바로 이 도식에 딱 들어맞는 시나리오라고 할 수 있다. 또한 중요한 업무를 함께 이루어낸 남녀가 사랑에 빠져서 평생의 반려자가 되는 일도 종종 있다.

물론 이런 예들은 전부 극복할 수 있는 수준의 스트레스일 것이 전제다. 스트레스가 없는 것이 당연히 가장 바람직하지만 긍

어구 해설 ✐

9) **감정 지능** • Emotional intelligence. 감정을 인지하고 이해하는 힘을 의미한다.

10) **피터 샐러비** • 미국의 심리학자. 예일 대학교 교수이며 제23대 학장을 역임했다. 마음의 지능지수 연구의 일인자로 감정을 정확히 지각하는 능력인 EQ(마음의 지능지수)를 정의했다.

정적인 자세로 마음이 맞는 사람과 함께 스트레스에 맞섰을 때 새로운 유대와 애정이라는 부산물을 얻는 경우도 있는 것이다. 백해무익한 것만 같은 스트레스에도 아주 조금이지만 좋은 점도 있음을 머릿속 한구석에 기억해 두도록 하자.

스트레스를 함께 극복하면…

직장 동료와는 결속력으로 이어진다

연애로 발전하기도…?

DAY 27

30일 만에 배우는
심리학 수첩

실패했을 때 공황 상태에 빠지지 않기 위한 대처법

간단 요약

상황을 거역하지 말고
당당히 받아들인다

자신과 타인에게 인지시키고 당당하게 받아들인다

중요한 회의에서 횡설수설해 버렸거나 거래처와의 미팅에 지각해 버리는 등 돌발적인 문제가 발생해 머리가 새하얘졌던 경험은 없는가? 사람에 따라서는 비지땀을 흘리고 심장 박동이 격렬해지거나, 복통이 오거나, 현기증을 일으키기도 한다. 이것은 '공황 발작[1]'이라는 증상으로, 한 설문 조사에서는 응답자의 40퍼센트 이상이 공황 발작을 경험했다고 한다.

어구 해설 ✍

[1]   **공황 발작 ·** 예기치 못한 돌발적인 문제 발생으로 강한 압박감을 느낌에 따라 머릿속이 새하얘지거나 비지땀을 흘리거나 갈증을 느끼는 등의 신체적 현상이 나타나는 것.

공황 발작까지는 아니더라도 극도의 압박감으로 공황 상태에 빠졌다면 'ABC 이론[2]'을 시험해 보기 바란다. 이것은 심리학자인 앨버트 엘리스[3]가 1955년에 제창한 논리 요법의 중심적 개념이다. '사건=A', '신념=B', '결과=C'로 구성되는 인지에 초점을 맞춘 발상으로, 감정은 사건을 통해서 일어나는 것이 아니라 개인이 사건을 어떻게 파악하느냐에 따라서 만들어진다는 것이다. 요컨대 마음먹기에 따라서는 괴로움을 없앨 수 있다는 말이다.

그렇다면 어떻게 대처해야 할까? 가장 효과적으로 생각되는 대처법은 '1인 실황 중계'다. 자신의 상황을 언어화함으로써 괴로움을 인지하고, 상황을 거역하지 않고 당당하게 받아들임으로써 공황 상태로부터 탈출하는 방법이다. 주위에 "지금 굉장히 긴장했습니다!"라고 커밍아웃하는 것만으로도 효과가 있다. 반면 심호흡을 하거나 "진정하자. 진정하자."같은 말로 자신을 진정시키려 하는 '회피적 컨트롤[4]'은 공황 상태에서는 역효과를 부르니 주의하기 바란다.

ABC 이론이란?

A＝사건(Activation Events), B＝신념(Belief), C＝결과(Consequence)

| 과거의 발상 | ABC 이론 |

A(사건)과 C(결과)는 직결되어 있다

A와 C 사이에 B(신념)가 있으며, 이것에 따라 결과가 달라진다!

의욕을 낮추면 울렁증이 약해진다

일본인에게 많다고 알려진 울렁증은 대인 불안의 일종이다. 발표회나 면접 등 많은 사람 앞에서 이야기하는 것에 익숙하지 않은 사람에게서 흔히 볼 수 있다. 가족이나 친구, 생면부지의 타인을 상대할 때는 괜찮은데 그다지 친하지 않은 수준의 지인들을 앞에 뒀을 때 일어나는 경우가 많으며, 성실한 사람이나 완벽주의자일수록 울렁증을 일으키는 경향이 강하다.

대부분의 경우 긍정 사고로 극복하는 방법을 선택하지만 사실은 의욕이 강할수록 긴장이 심해져서 증상이 악화되는 것이 특징이다. 오히려 '잘하면 대단한 거고, 못하는 게 당연해!', '어차피 다들 내가 하는 이야기에 관심도 없을 텐데 뭐.'라는 식으로 의욕을 낮추고 임하는 정도가 딱 적당하다.

이상적인 해명을 통해 위기를 기회로 바꾼다!

인간인 이상 누구나 실수를 하기 마련이다. 그러나 작은 실수가 커다란 문제로 발전하는 경우도 있으므로 일단 저지른 실수에 대해서는 빠르게 그리고 진지하게 대응해서 문제를 해결해

어구 해설 ✎

2) **ABC 이론** • 사건(A)은 받아들이는 방식·느끼는 방식(B)을 경유해서 결과(C)를 이끌어낸다는 대처법 이론.

3) **앨버트 엘리스** • 미국의 심리학자. ABC 이론 등으로 유명한 '논리 요법'의 창시자다. 80권이 넘는 저서가 있으며 1959년에 맨해튼에 '앨버트 엘리스 연구소'를 설립했다. 1913~2007년.

4) **회피적 컨트롤** • 불안이나 긴장, 리스크 등으로부터 도망치기 위해 행하는 대처법. 심호흡을 하거나 몸을 만지는 등의 방법으로 마음을 진정시키는 행동을 가리킨다.

야 한다. 그리고 이때 중요한 것이 실수나 실패를 저질렀을 때의 해명 내용이다.

심리학에는 어디에서 원인을 찾느냐와 관련된 귀인 이론5)이라는 발상이 있다. 이 이론에 따르면 실수나 실패의 원인을 자신 이외의 타인이나 조직, 상황 등의 책임으로 돌리고 자신은 잘못이 없다고 주장하는 외적 귀인6)형과 자신의 능력 또는 일처리 방식 등에서 원인을 찾는 내적 귀인7)형의 2가지 유형이 있다.

실수를 해명할 때의 정답은 압도적으로 후자다. 구차한 핑계를 대지 않고 "제가 좀 더 확실히 도와줬어야 했습니다.", "저의 판단 미스였습니다."라고 자신의 잘못을 깔끔하게 인정하면 오히려 자신의 주가를 높일 수 있을지도 모른다.

반대로 절대 입 밖으로 꺼내지 말아야 할 변명은 "애초에 평판이 좋지 않은 회사라서 거래가 중지된 것이 오히려 다행입니다."라든가 "클라이언트가 불가능한 납기를 요구해서 어쩔 수 없었습니다." 등 자신의 실패를 정당화하는 것이다. 사람들이 가장 싫어하는 유형으로 업무관계뿐만 아니라 인간관계에도 영

어구 해설 ✍

5) **귀인 이론** • 오스트리아의 심리학자인 하이더가 제창한 개념. 행동이나 평가의 원인을 자신 또는 타인 중 어디에서 찾느냐는 것으로 성격 검사의 척도가 된다.

6) **외적 귀인** • 일어난 일의 원인을 자신 이외의 타인이나 외적 상황에서 찾는 것. 예: '인사를 했는데 상대방이 답례를 안 했다.'→'상대가 기분이 나빴나 보네.'

7) **내적 귀인** • 일어난 일에 대해 당사자 본인에게서 원인을 찾는 것. 예: '인사를 했는데 상대방이 답례를 안 했다.'→'내 목소리가 작아서 들리지 않았나 보구나.'

향을 줄 우려가 있으니 주의하기 바란다.

실패는 그 사람의 진가가 드러나는 국면이기도 하다. 실수를 저지르면 평가가 하락하기 쉽지만, 올바르게 해명한다면 위기를 기회로 바꿀 수도 있다. 그리고 이를 위해서는 자신의 언동에 책임을 지며 신중함을 보여야 한다.

'사람은 겉모습이 9할'은 사실이다

간단 요약

표정과 말을 일치시키는 것이
커뮤니케이션의 핵심

처음 만났을 때의 인상이 고정된다

비즈니스에서의 인간관계는 물론이고 사적인 인간관계에서도 중요한 것이 바로 첫인상이다. 처음 만났을 때 받은 이미지나 정보가 그 사람의 전체적인 평가로서 고정되어 버리기 때문이다. 처음 만났을 때 좋은 인상을 주지 못하면 이후에도 계속 그 인상이 발목을 잡게 되며, 이를 뒤엎기는 쉬운 일이 아니다.

그렇다면 좋은 이상을 주기 위해서는 무엇이 필요할까? 그것은 설령 고급품이 아니더라도 자신에게 어울리도록 청결하게 몸단장을 하고, 상대방의 눈을 보면서 똑바로 인사하며, 명함을 정중하게 건네는 등의 지극히 기본적인 것들이다.

겉모습의 인상은 나중에도 영향을 끼친다

미국의 심리학자인 앨버트 메라비언[1]은 첫인상 중에서 상대방에 대한 호감을 결정하는 요인을 연구하기 위해 어떤 실험을 실시했다. 먼저 각각 '호감', '험악함', '중립'을 연상시키는 대화 내용을 설정하고, 이어서 '호감', '험악함', '중립'을 연상시키는 표정의 얼굴 사진을 준비했다. 그리고 이미지가 서로 다른 대화와 사진의 조합을 피험자에게 보여주고 들려준 뒤 최종적으로 피험자가 어떤 정보를 우선해서 이미지를 받아들였는지 조사했는데, 다음과 같은 결과가 나왔다.

▶ 7퍼센트는 '언어 정보[2]=대화 내용'을 우선했다.

▶ 38퍼센트는 '청각 정보[3]=말투나 목소리'를 우선했다.

▶ 55퍼센트는 '시각 정보[4]=겉모습'을 우선했다.

이것은 '메라비언의 법칙'으로 불린다. 요컨대 사람은 처음 대면하는 상대를 인식할 때 시각 정보와 청각 정보를 우선하는

어구 해설 🖉

1) **앨버트 메라비언** • 캘리포니아 대학교 로스앤젤레스 캠퍼스의 심리학 명예 교수. 감정과 커뮤니케이션 분야의 연구로 유명하며, 저서로 《소리 없는 메시지(Silent Messages)》가 있다. 1939년~.

2) **언어 정보** • 화자가 하는 말 자체의 의미나 언어로 구성되는 이야기의 내용을 가리킨다. 이 언어를 사용한 커뮤니케이션을 '언어 커뮤니케이션'이라고 한다.

3) **청각 정보** • 화자의 목소리 크기나 톤, 말하는 속도 등을 나타낸다. 상대방을 설득하고 싶을 때는 가급적 목소리를 낮추고, 기본적으로 또박또박 말하며, 중요한 부분은 천천히 이야기한다.

4) **시각 정보** • 화자의 복장이나 표정, 몸짓, 행동 등을 나타낸다. 첫인상은 이 시각 정보를 우선해서 판단된다. 이 인상은 이후에도 영향을 끼친다.

경향이 있다는 것이다. 이 결과에 입각해, 처음 대면하는 사람과 커뮤니케이션을 할 때는 상대방에게 불쾌감을 주지 않도록 몸단장을 하고 행동 등도 충분히 주의하면서 임해야 할 것이다. 물론 말씨나 대화 내용에도 신경을 써야 함은 두말할 필요도 없다.

정보의 모순을 없애면 메시지가 더욱 잘 전달된다

그런데 '메라비언의 법칙'은 잘못된 해석으로 소개되는 경우도 많다. 이 실험은 어디까지나 '말 자체와 어감, 표정 등을 연상되는 이미지가 서로 모순되도록 조합한다.'라는 전제에서 실시된 것이다.

그런데 '언어 정보 7퍼센트, 청각 정보 38퍼센트, 시각 정보 55퍼센트'라는 숫자만이 실험 결과로 부각되면서 '대인 지각[5]에서는 겉모습이 제일 중요하다.'라는 잘못된 해석이 퍼지고 있다.

물론 겉모습이 주는 인상은 중요하지만, 그것이 전부는 아니다. 그보다는 이 3가지 정보에 모순을 느끼지 않게 하면 이야기하는 내용을 상대방에게 더욱 잘 전달할 수 있다고 생각해야 할 것이다.

어구 해설 ✎

---

5) **대인 지각** • 상대방이 어떤 인물인지를 언어적·비언어적 정보를 통해서 추측하는 것. 1946년에는 심리학자인 솔로몬 애쉬가 언어 정보를 바탕으로 한 실험 결과를 발표했다.

더 강한 인상을 남기려면 손짓 발짓도 함께 한다

메라비언은 의도적으로 3가지 정보가 서로 모순되는 상황을 만들어서 실험을 실시했는데, 실제로는 받아들이는 정보에 모순이 있으면 누구나 혼란을 느낀다. 상대방에게 더욱 알기 쉽게 정보를 전하기 위해서는 모순을 발생시키지 않는 것이 최선이다.

그렇다면 어떻게 해야 효과적으로 정보를 전달할 수 있을까? 예를 들어 비관적인 내용을 전하고 싶은 경우는 의식적으로 슬픈 표정을 지으면서 목소리의 톤을 낮추고 조금 천천히, 위기감을 부추기는 목소리로 이야기해 보자. 비즈니스 상황에서는 그 후에 긍정적인 말과 밝은 표정으로 분명하게 타개책을 전한다면 상대방이 받아들이기 쉬워질 것이다.

'사람은 겉모습이 9할'이라는 것은 분명 극단적이지만 메라비언은 자신의 법칙을 통해 비언어 커뮤니케이션[6]의 중요성을 제시했다. 아무리 긍정적인 말을 해도 겉모습에서 그것이 전해지지 않는다면 상대방의 마음은 움직이지 않는다. 하물며 첫 대면에서는 겉모습이 인상 형성[7]에 매우 중요한 역할을 한다. 몸가

어구 해설 ✐

6) **비언어 커뮤니케이션 •** 몸짓이나 표정 등 언어 이외의 방법을 이용하는 대화. 대인 커뮤니케이션에서 언어를 통해 전달되는 메시지는 35퍼센트에 불과하며, 나머지 65퍼센트는 비언어를 통해 전달된다고 한다.

7) **인상 형성 •** 대인 지각의 중요한 측면 중 하나. 용모, 목소리, 몸짓 등 타인에 관한 한정된 정보를 실마리로 삼아 상대방의 전체적인 인물상을 추론하는 것.

짐을 단정히 하고 풍부한 표정에 손짓 발짓을 더하면서 이야기하고 밝게 행동해야 하는 것이다.

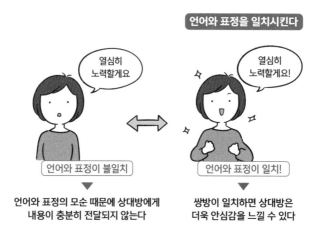

DAY 29

30일 만에 배우는
심리학 수첩

우울증은 현대인의
마음의 병

간단 요약

누구나 걸릴 가능성이 있는 우울증
올바르게 케어해 생명을 지키자

최근 급증하고 있는 우울증은 목숨을 잃을 수도 있는 병

최근 들어서 환자의 수가 급증하고 있는 병으로 우울증이 있
다. 일본인의 5대 질환[1] 중 하나이며, 15명 중 한 명의 비율로
발병한다고 알려져 있다.

우울증은 의학적으로는 '주요 우울 장애[2]'라고 한다. 기분이
가라앉고, 의욕이 나지 않으며, 짜증이 나고, 좋아했던 것에 대
한 흥미나 관심을 잃으며, 쉽게 피곤해지고, 그 밖에도 집중력

어구 해설 ✎

[1] **5대 질환** • 암, 뇌졸중, 급성 심근 경색, 당뇨병, 정신 질환(우울증을 포함)을 가리킨다.

[2] **주요 우울 장애** • 우울증 중에서도 일정한 증상이 있거나 중증도가 높은 것을 이렇게 부른다. 그 밖
에 기분 부전 장애, 경도 우울 장애가 있다.

저하, 수면 과다, 수면 부족, 식욕 저하, 두통 같은 다양한 증상이 나타난다. 중증화되면 자살 충동이 일어날 위험성도 있어서 의사들 사이에서는 목숨을 잃을 수도 있는 병으로 불린다. 따라시 올바른 케어가 반드시 필요하다.

발병하는 원인은 스트레스나 신경 전달 물질의 장애

우울증의 발병 원인에 대해서는 심리학, 뇌과학 등 다양한 분야에서 연구가 진행되고 있다.

현 시점에서는 스트레스나 트라우마[3](외상 후 스트레스 장애: PTSD) 등이 원인 중 하나로 여겨지고 있으며, 세로토닌 등의 신경 전달 물질[4]이 관여하고 있다는 견해도 있다. 성격이나 기질에서 기인한다는 설도 있다.

우울증에 걸리기 쉬운 사람의 특징으로는 성실하고 꼼꼼하다, 완벽주의자, 책임감이 강하다, 주위 사람들에게 지나치게 신경을 쓴다, 작은 일에 집착한다, 자기애가 강하다, 정신적으로 미숙하다 등이 있다. 또한 친한 사람의 죽음, 전근이나 실직, 이사, 육아 종료 등 상실감을 동반하는 사건이나 나이 먹음, 갱년기 장애가 계기가 되는 경우도 있다.

어구 해설 🖋

3) **트라우마** • 마음의 상처. 사고나 재해, 범죄, 전쟁, 학대 등으로 죽음에 직면하거나 큰 타격을 받아서 그 충격이나 영향이 오랫동안 남는 것을 가리킨다.

4) **신경 전달 물질** • 신경 세포에서 방출되어 다른 신경 세포나 근육 세포 등에 흥분 또는 억제 작용을 일으키는 물질. 세로토닌, 아드레날린, 도파민, 엔도르핀 등이 있다.

과로나 상사 갑질, 성희롱 등이 원인이 된다는 것은 일반적으로도 널리 알려져 있다. 사회적으로도 문제시되어서 일본에서는 우울증 대책을 위해 일하는 방식 개혁과 직장 환경 정비 등이 실시되고 있다.

우울증과는 비슷하면서도 다른 병인 양극성 장애

우울증과 비슷한 증상이 나타나는 병으로 '조울증'이 있다. 과거에는 기분 장애로서 우울증과 합쳐서 다뤘지만, 유전자적으로는 정신분열증과 공통된다는 사실이 밝혀짐에 따라 현재는 우울증과 다른 병으로 생각하고 있다.

조울증의 의학적 명칭은 '양극성 장애[5]'다. 기분이 고양되어서 활동적으로 되는 '조(躁)'와 기분이 가라앉아 무기력해지는 '억울 상태[6]'가 번갈아서 나타나는 것이 특징 중 하나다. '조'일 때는 기분이 고양되고 활동적으로 되며 업무나 공부에도 적극적으로 임하는 증상이 나타나고, 중증화되면 잠을 자지 않거나 여기저기 돌아다니거나 쉴 새 없이 떠드는 증상이 나타난다. 본인은 상쾌한 기분이기에 조 상태임을 깨닫지 못할 때도 있지만,

어구 해설 ✍

5) **양극성 장애** • 조 상태와 억울 상태를 반복하는 기분 장애. 우울증과는 다른 병으로 생각되며, 치료법도 다르다. 증상에 따라 제1형 양극성 장애, 제2형 양극성 장애, 순환성 기분 장애의 3가지 유형이 있다.

6) **억울 상태** • 우울하거나 기분이 가라앉는 증상을 억울 기분이라고 하고, 그것이 심한 상태를 억울 상태라고 한다. 의학적으로 자주 사용되는 용어다.

다음에 일어나는 억울 상태를 계기로 조울증에 걸렸음을 깨닫기도 한다.

우울증의 새로운 패턴인 비정형 우울증

양극성 장애와는 다르지만 기분 좋은 상태와 억울 상태가 나타나는 병이 있다. 일반적으로는 '신형 우울증'이라고 불리며, 의학적으로는 '비정형 우울증[7)]'이라는 병명으로 연구와 치료가 실시되고 있다. 증상을 살펴보면 우울증의 경우는 억울 상태가 계속된다. 반면 신형 우울증은 회사나 학교 등 자신에게 괴로운 장소, 가고 싶지 않은 장소에 있을 때 억울 상태가 되며, 휴일이나 취미 등 좋아하는 일을 하고 있을 때는 기분도 몸 상태도 회복되는 경우가 많다.

증상이 이렇게 때문에 병에 걸린 것임에도 주위 사람들에게 '게으름을 피운다.', '이기적이다.'라고 인식되고 만다. 또한 본인도 '피로가 쌓여 있을 뿐이야.', '휴일에 푹 자면 나을 거야.'라고 믿기 때문에 치료가 늦어지는 경우도 있다.

그리고 "저는 우울증입니다."라고 공언하거나 트러블을 타인의 탓으로 돌리거나 책임 있는 업무를 회피하는 등의 특징도 있

어구 해설 ✎

---

7) **비정형 우울증 ·** 신형 우울증의 의학적인 명칭. 기존의 우울증과는 다른 증상이 있기 때문에 일반적으로는 신형 우울증이라고 부른다. 사회 정세 등이 원인 중 하나로 생각되고 있다.

다. 자신을 포함해 주위에 그런 사람이 있더라도 몰아붙여서는 안 된다. 멘탈 케어의 필요성을 고려해 보자.

신형 우울증의 특징은……

· 갑자기 눈물이 난다
· 사소한 일에 상처를 받는다
· 기분의 기복이 심하다
· 하고 싶은 것은 할 수 있지만 싫어하는 것은 하지 못한다
· 자신을 정당화하고, 타인에게는 엄격하게 대한다
· 과면(過眠)이나 과식 등 무엇인가에 의존한다

용모의 수준이 높은 사람도 스트레스를 안고 있다

210페이지에서 우울증에 걸리기 쉬운 사람을 소개했는데, 용모의 수준이 높은 남녀가 우울증에 걸리기 쉽다는 고찰도 있다. 용모가 하이스펙[8]이면 자기 평가도 주위의 평가도 높을 것이라고 생각하기 쉬운데, 반대로 남들보다 더 열심히 노력해서 내면이나 능력, 실력을 향상시키지 않으면 높게 평가받지 못한다는 스트레스를 안고 있는 것이다. 아름답든 그렇지 않든 인간은 스트레스로부터 벗어날 수 없는 동물인지도 모른다.

어구 해설 🖋

8) **하이스펙** · 본래는 전자 기기 등이 고기능, 고성능이라는 의미이지만 최근에는 사람의 용모나 학력, 경력, 지위 등이 높다는 뜻으로도 사용되고 있다.

40~50대에 찾아오는 중년기 위기

자살하는 사람 중에는 50대가 많다고 한다. 직장에서는 높은 지위에 올라서 수입이 안정되고 사생활의 측면에서는 육아도 끝나 느긋하게 시간을 보낼 수 있게 됨에 따라 인생의 중반전을 즐길 수 있는 연령대라고 생각하기 쉽지만, 사실은 다양한 마이너스 요인이 찾아오는 연령대이기도 하다.

'중년기 위기9)'라는 말이 있다. 40~50대가 되면 체력이나 기력이 쇠퇴하고 노화도 진행되기 시작한다. 성적 기능의 저하, 갱년기 장애10)가 시작되는 것도 바로 이 무렵이다. 직장에서는 의욕은 있지만 새로운 기술을 따라잡기가 어려워지고, 기뻐해야 할 승진도 스트레스로 느껴진다. 가정에서도 자녀의 진학 문제로 고민하고 부모의 돌봄 문제에 직면하는 등 부담이 커진다. 또한 자녀가 독립해서 외로움을 느끼는 '빈 둥지 증후군11)'이 나타나는 연령대이기도 하다.

이런 것들이 요인이 되어서 우울증에 걸리는 40~50대가 급증하고 있다. 그리고 자살하는 사람도 늘고 있다. 불면, 두통,

---

어구 해설 ✎

9) **중년기 위기 •** 영어로는 'Midlife Crisis'라고 한다. 40~50대에 나타나는 몸 상태의 이상이나 정신적인 타격, 가족 또는 회사에서의 변화 등을 '중년기 위기'라고 부른다.

10) **갱년기 장애 •** 과거에는 폐경 전후의 여성에게 나타나는 증상으로 알려져 있었지만, 최근에는 남성에게도 나타나고 있다고 한다. 호르몬이 서서히 감소함에 따라 다양한 장애가 일어난다.

11) **빈 둥지 증후군 •** 취직이나 결혼 등으로 자녀를 독립시킨 여성에게 나타나는 공허감, 상실감, 무기력감, 무관심 등을 가리킨다. 갱년기 장애와 중복되거나 억울 상태를 동반하기도 한다.

설사 등 몸 상태에 이상이 나타나고 출근 거부, 귀가 거부 등의 증상이 있다면 중년기 위기가 찾아온 것인지도 모른다.

중년기 위기가 찾아올 수 있음을 알고 있으면 실제로 찾아왔을 때도 당황하지 않을 수 있다. 자신을 위로하고 인생의 반환점에서 가치관을 바꿀 좋은 시기라고 생각한다면 틀림없이 이후의 인생도 평온하게 살 수 있을 것이다.

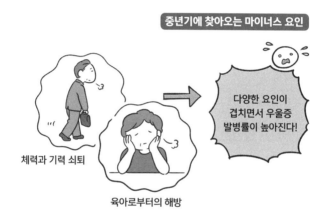

중년기에 찾아오는 마이너스 요인

체력과 기력 쇠퇴

육아로부터의 해방

다양한 요인이 겹치면서 우울증 발병률이 높아진다!

DAY 30

마음이 몸의 증상에
영향을 끼치는 병

간단 요약

외과적 또는 내과적인 이상이 없더라도
스트레스가 원인이 되어서 몸 상태에
이상이 나타날 수 있다

큰 불안감은 건강한 신체에도 이변을 일으킨다

인생에서는 불안감을 주는 사건이 수없이 일어난다. 개인적으로든 사회적으로든 불안감을 100퍼센트 회피하기는 불가능하며, 사람은 그 불안감을 어떻게든 해소하면서 살아간다. 그러나 불안감이 너무나도 크고 오래 계속되면 '불안 장애[1]'라는 형태로 몸에 증상이 발생하는 경우가 있다. 널리 알려진 불안 장애로는 몸에 특별한 이상이 없음에도 돌발적으로 가슴이 두근거리고 현기증이 나며 폐색감과 발한 등이 일어나는 공황 장애가

어구 해설 ✎

[1] **불안 장애** • 공황 장애 외에, 범 불안 장애, 공포 장애, 강박 장애, 광장 공포증, PTSD(외상 후 스트레스 장애) 등이 있다.

있다. 일단 증상이 발생하면 언제 다시 발생할지 모른다는 예기불안이 일어나, 인파 속에 있거나 지하철 타는 것을 기피하게 되기도 하고 2차 장애로 '광장 공포증²⁾'이 발생해 외출을 하지 못하게 되기도 한다.

다양한 증상이 발생하는 불안 장애

최근 들어서 다발하고 있는 불안 장애로는 'PTSD³⁾(외상 후 스트레스 장애)'가 있다. 연령과 상관없이 발병하는 장애인 까닭에 케어의 중요성을 외치는 목소리가 높다. 또한 불안감이나 걱정을 거듭하는 것이 원인이 되어서 계속 같은 행동을 반복하는 '강박 장애⁴⁾', 다양한 사건이나 현상에 대한 불안감이 계속되는 '범 불안 장애', 한정된 것에 공포심이나 불안감을 느끼는 '공포 장애'도 있다. 공포 장애는 타인과의 접촉에 불안감을 느끼는 '사회 공포증(대인 공포증)'과 특정한 동물, 도검류, 천둥소리 등에 공포를 느끼는 '특정 공포증', 앞에서 언급한 '광장 공포증' 등으로 세분화된다.

어구 해설 🖉

2) **광장 공포증** • 사람이 많이 모이는 거리나 도망칠 곳이 없는 지하철 내부 등에 공포를 느껴서 집 밖으로 나가지 못하게 되는 증상.

3) **PTSD** • 사고, 학대, 범죄 피해, 심한 희롱 등을 당해 마음에 상처를 받는 것. 강한 스트레스가 원인이 되어서 누구에게나 일어날 수 있는 증상이다.

4) **강박 장애** • 반복해서 일어나는 강박 관념 때문에 같은 행동을 계속 반복하는 증상. 세균이 신경 쓰여서 수도 없이 손을 씻거나, 문을 안 잠그고 나온 것 같은 불안감에 계속 집으로 돌아가는 등의 증상이 있다.

여러 가지 불안 장애의 예

패닉 장애
몸에 이상은 없는데 갑작스러운 가슴 두근거림이나 현기증으로 발작이 일어난다

범 불안 장애
명확한 이유 없이 다양한 불안감이 장기적으로 계속된다

공포 장애
특정대상에 대한 공포심에서 공황 상태에 빠진다

PTSD
폭력이나 재해 등이 트라우마가 되어서 불안을 일으킨다

강박 장애
강한 불안을 느끼는 강박 관념에서 똑같은 행동을 반복한다

신체적인 기능 부전이 일어나는 신체형 장애

외과적으로나 내과적으로나 이상이 발견되지 않는데 운동 마비나 감각 마비를 일으키는 것을 '신체형 장애'라고 부르며, 심리학에서는 심인성 장애로 여긴다. 몇 가지 증상이 있는데, 보행이 어려워지거나 시력 또는 청력을 잃거나 목소리가 나오지 않게 되는 등의 증상은 '전환 장애[5]'라고 부른다. 과거에는 심리학자인 지그문트 프로이트[6]가 '히스테리'라는 병명으로 연구했던 정신 질환이다.

또한 신체형 장애에는 두통, 현기증, 복통, 구역질 같은 이상

어구 해설 ✎

5) **전환 장애** • 과거에는 '전환 히스테리'라고 불렸으며, 보행 곤란 등의 신체적 증상이 있다. '알프스의 소녀 하이디'에 등장하는 클라라가 이 장애가 아니었느냐는 이야기가 있다.

6) **지그문트 프로이트** • 정신과 의사. '정신 분석의 아버지'로 불리며 심리학의 발전에 크게 기여했다. 프로이트의 연구와 업적은 17~23페이지에서 설명했다.

증상이 몇 년에 걸쳐 계속되는 '신체화 장애'와 몸 상태의 이상이 신경 쓰여서 자신이 병에 걸린 것이 아닌지 의심하는 '건강 염려증', 몸에서 쑤시는 듯한 통증을 느끼는 '통증 장애'가 있다.

거식 또는 과식을 거듭하는 섭식 장애

또한 몸에 영향을 끼치는 마음의 병으로 '섭식 장애[7]'도 있다. '거식증·폭식증'이라는 증상으로 유명하다.

거식증은 '신경성 식욕 부진증'이라고도 부르며, 몸매가 지나치게 신경 쓰여 식사 제한을 한 것 등이 계기가 되어서 먹는 것에 죄책감을 느끼는 증상이다. 체중 감소, 영양실조, 저체온, 여성의 경우는 무월경 등의 신체적 증상이 발생하며, 죽음에 이를 가능성도 제로는 아니다.

한편 폭식증은 '신경성 대식증'으로 불린다. 스트레스가 원인이 되어서 계속 대량의 음식을 먹게 되며, 경우에 따라서는 먹은 것을 토해내면서도 먹기를 멈추지 못한다. 음식물을 대량으로 섭취하기 때문에 살이 찔 것이라고 생각하기 쉽지만, 구토나 대량의 설사를 통한 배출을 반복하기 때문에 마른 사람도 폭식증일 수 있다. 그리고 거식증과 폭식증은 반복되는 경우가 많다.

어구 해설 ✎

7) **섭식 장애** • '거식'과 '폭식'으로 크게 나뉜다. 양쪽 모두 '살이 찌고 싶지 않아.', '뚱뚱하면 흉측해.'라는 체중이나 미추(美醜)에 대한 극단적인 집착 또는 선입견이 배경이다.

이런 섭식 장애는 성실한 완벽주의자에게서 나타나기 쉽다고 한다. 몸매를 신경 쓰거나 유능한 자신을 연기하는 등 자신의 평가를 높이고 싶다는 마음에서 과도한 스트레스를 받기 때문이다.

거식증과 폭식증

거식증

다이어트 등이 원인이 되어서 신체가 음식물을 거부해 극단적으로 마르는 마음의 병
평균 체중보다 15~20 퍼센트 감소하면 거식증으로 진단될 때가 많다

폭식증

식욕을 억제하지 못하는 마음의 병
목에 손가락을 집어넣어 토해내는 등의 보상 행동을 반복하면서 계속 먹게 된다

색인

참고문헌

《우에키 리에의 금방 활용할 수 있는 행동 심리학》우에키 리에(감수)/다카라지마사/2012

《우에키 리에의 인간관계가 깔끔해지는 행동 심리학》우에키 리에(지음)/다카라지마사/2016

《남심, 여심의 수수게끼를 푼다! 연애 심리학》우에키 리에(지음)/세이슌출판사/2011

《어른의 심리학 상식》도키오 놀리지(지음)/다카라지마사/2017

《신기할 만큼 술술 이해되는 직장의 심리학》사이토 이사무(감수)/세이토사/2013

《심리학 아는 척하기-알아 두면 쓸모 있는 심리학 상식 사전》시부야 쇼조(지음), 한주희(옮김)/팬덤북스/2019

《오늘부터 활용할 수 있는 행동 심리학》사이토 이사무(지음)/나쓰메사/2015

《엄선 컬렉션 30분 만에 마스터! 행동 심리학 레슨1》우에키 리에(지음)/다카라지마사/2013

《행운을 불러오는 행동 심리학 입문》하야시 요이치(감수)/나쓰메사/2010

《시부야 선생의 한 번쯤은 받고 싶은 수업-오늘부터 활용할 수 있는 심리학》시부야 쇼조(지음)/나쓰메사/2013

《시리즈 지식의 도서관3-도해 세계를 바꾼 50가지 심리학》제러미 스탠그룸(지음), 이토 아야(옮김)/하라쇼보/2014

《백곰 심리학 – 인생이 재미있어지는 심리 기술》 우에키 리에(지음), 서수지(옮김)/럭스미디어/2010

《심리의 책: 인간의 정신을 전복시킨 위대한 심리학의 요체들》 캐서린 콜린 등(지음), 이경희·박유진·이시은(옮김)/지식갤러리/2011

《도해 잡학 심리학 입문》 구노 도루·마쓰모토 게이키(감수)/나쓰메사/2000

《도해 심리학을 순식간에 이해하는 책 – '마음'의 작용을 확인하기 위한 78항》 마쓰다 에이코(지음)/선마크출판/2003

《도해 유용한 심리학》 우에키 리에(지음)/KADOKAWA/2016

《도설 현대 심리학 입문 제3판》 가나시로 다쓰오(지음), 후지오카 신지·야마시타 다니지(공편)/바이후칸/2006

《제대로 알고 싶다! 내 주변의 심리학》 도미타 다카시(감수)/다이와쇼보/2007

《비기너 심리학》 시부야 쇼조 외(지음), 전경아(옮김)/이다미디어/2010

《제로부터 이해하는 비주얼 도해 심리학》 우에키 리에(지음)/KADOKAWA/2013

《불가사의 심리학: 알기 쉽게 배우는 과학적 사고의 기술》 우에키 리에(지음), 이소담(옮김)/스카이/2013

《만화 나도 모르게 시험해 보고 싶어지는 심리학 입문》 사이토 이사무(감수)/다카라지마사/2016

옮긴이 김정환

건국대학교 토목공학과를 졸업하고 일본외국어전문학교 일한통번역과를 수료했다. 21세기가 시작되던 해에 우연히 서점에서 발견한 책 한 권에 흥미를 느끼고 번역의 세계에 발을 들여, 현재 번역 에이전시 엔터스코리아 출판기획 및 일본어 전문 번역가로 활동하고 있다.

경력이 쌓일수록 번역의 오묘함과 어려움을 느끼면서 항상 다음 책에서는 더 나은 번역, 자신에게 부끄럽지 않은 번역을 할 수 있도록 노력 중이다. 공대 출신의 번역가로서 공대의 특징인 논리성을 살리면서 번역에 필요한 문과의 감성을 접목하는 것이 목표다.

번역 도서로는 《스티브 잡스 업무의 기술 45》, 《머릿속 정리의 기술》, 《교양경제학》, 《CEO의 메모: 시간과 아이디어를 생산하는》, 《1분 업무술》, 《하버드의 생각 수업》, 《재밌어서 밤새 읽는 화학 이야기》 등 '재밌어서 밤새 읽는' 시리즈, 《수학은 어떻게 무기가 되는가》, 《어떻게 사고할 것인가》, 《잘나가던 기업이 왜 망했을까?》, 《일을 잘 맡긴다는 것》, 《사장을 위한 MBA 필독서 50》, 《노후파산》, 《수학 사전》, 《전쟁의 역사를 통해 배우는 지정학》, 《화내지 않는 43가지 습관》, 《불안과 외로움을 다스리는 인생의 약상자》, 《습관을 바꾸는 심리학》, 《하버드의 생각수업》, 《마흔, 버려야 할 것과 붙잡아야 할 것들》, 《청춘 명언》, 《온기: 마음이 머무는》, 《영원한 청춘》, 《나답게 살다 나답게 죽고 싶다》, 《마흔에 다시 읽는 수학》, 《프로가 되기 위한 웹기술 입문》, 《그림으로 보는 상대성이론》, 《모두가 궁금해하는 열과 온도의 비밀》 등 과학, 인문사회, 경제경영, 자기계발, 실용 다양한 분야의 책을 번역했다.

30일 만에 배우는 심리학 수첩

바쁜 비지니스 퍼슨의 배움을 돕기 위한 심리학 교양 입문서

초판 인쇄 2022년 03월 18일
초판 발행 2022년 03월 28일

지은이   일본능률협회 매니지먼트센터
옮긴이   김정환
기획   엔터스코리아(책쓰기 브랜딩스쿨)
펴낸곳   미래와 사람
펴낸이   송주호
편집   권윤주, 박성화
디자인   권희정, 임민정

등록   제2008-000024호. 2008년4월1일
주소   서울시 관악구 신림로 129-1
전화   02)883-0202   팩스   02)883-0208

책값은 뒤표지에 표기되어 있습니다.
ISBN 979-11-6618-327-0 03180